SCORPIO

DER KLEINE SELBSTCOACH

UTE LAUTERBACH

TRAUMDEUTUNG AUF DEN PUNKT GEBRACHT

SCORPIO

Der kleine Selbstcoach

In unserer modernen Welt verändern sich die Lebensbedingungen immer rascher, und wir geraten häufig in Situationen, in denen wir die Weichen neu stellen müssen. Hierbei ist »Der kleine Selbstcoach« ein wichtiger Begleiter.

Welche Bedeutung unsere Träume für uns haben können, zeigt Ute Lauterbach auf drei Ebenen: als Selbst- oder Eigencoach, als Traum- oder Begleitcoach und als Hauptcoach, indem wir den Traum selbst sprechen lassen.

Traumdeutung auf den Punkt gebracht

Unsere Träume kennen keine Grenzen. Indem wir sie als Botschaften des eigenen Unterbewusstseins annehmen, können wir viel über uns erfahren: unsere vergessenen Wünsche neu entdecken, unseren tiefsten Ängsten mutig begegnen und immer freier werden.

Inhalt

ÜBERSICHT ÜBER DIE TRÄUME

Kennen Sie das?

Sie hatten einen aufwühlenden Traum und erzählen ihn einem Freund.

»Es war ein komisches Licht in der Luft, und ich saß im Gartenstuhl. Ich habe Gas gegeben und bin mit 100 Sachen durch die Landschaft gefahren bis über den Horizont. Dort sah ich einen Teich, aus dem eine Uhrenfabrik ragte. Plötzlich wurde mein Stuhl zu einem Pendel. Ich war eine Wanduhr.«

Ihr Freund unterbricht Sie: »Aber der Stuhl war doch ein Gartenstuhl!« Sie bekräftigen noch einmal, dass er jetzt aber zum Pendel geworden war. Ihr Freund sagt nur: »Ach, Träume sind Schäume.« Sie sind frustriert. Kennen Sie das?

Bewegende Träume sind unmittelbar nah. Wir wissen es so genau: Der Gartenstuhl ist zum Pendel geworden!

Deshalb, liebe LeserInnen, der Traum gehört dem Träumenden. Und er hat recht. Er führt wie bei einem Tanz – auch wenn wir zunächst nicht wissen, was für ein Tanz es ist.

Mit diesem Selbstcoach lernen Sie richtig gut, die eigenen Träume und die anderer zu begreifen. Um frustrierende Reaktionen auf Ihre spannenden Träume zu vermeiden, werden Sie einfach selbst Ihr Traumcoach. Und wie jede eingeübte Fähigkeit steht sie natürlich für beide Richtungen zur Verfügung:

Sie coachen sich selbst darin, die Bedeutung Ihrer Träume zu verstehen, und Sie können auch mit anderen den Deutungsraum betreten.

BEIDES GELINGT NUR,
WENN WIR UNS UNBEIRRT VOM GROSSEN
HAUPTCOACH, DEM TRAUM SELBST,
AN DIE HAND NEHMEN LASSEN.

Traumland ⇨
unbekanntes Land?

Der Mensch ist mehr, als er von sich weiß.

KARL JASPERS

Fakten: Wir träumen jede Nacht und, wie die Wissenschaft weiß, bis zu sieben Mal. Manche erinnern ihre Träume nie oder nur selten. Wer sich erinnert, kann bestätigen, dass Träume

› **sehr fantasievoll,**
› **sehr geheimnisvoll,**
› **atemberaubend,**
› **auf- und erregend,**
› **viel intensiver als das Tagerleben,**
› **kreativ und geistreich,**
› **sehr erhebend**
› **und sehr erschreckend sein können.**

Träume erweitern und vertiefen also das Erlebensspektrum ganz gewaltig.

Selbsterforschung

Sind Träume schlauer als wir?

_____

Sind sie unsere un- oder teilbewusste Klugheit und Weisheit?

_____

Was entgeht uns, wenn wir nicht mit unseren Träumen
verbunden sind?

_____

Entgeht uns überhaupt etwas?

_____

Was ist das Traumland für eine unbekannte, höchst lebendige
Parallelwelt?

_____

Wo kommen Träume her?

Ich bin der Raum zwischen dem, was ich bin,
und dem, was ich nicht bin, zwischen dem, was ich träume,
und dem, was das Leben aus mir gemacht hat,
der abstrakte und körperliche Mittelwert zwischen Dingen,
die nichts sind, da ich ebenfalls nichts bin.

FERNANDO PESSOA

Friedlich Schlafenden sehen wir nicht an, dass ihr Geist auf Hochtouren läuft. Wir wissen inzwischen – Dank an Freud –, dass weder Dämonen noch Engel irgendwelche Daten auf unseren Hirn-Account spielen. Die Träume kommen weitgehend nicht von außen in uns herein, sondern tauchen von innen her auf. Aber aus welchem Innen kommen sie genau? Für Freud war das klar: aus dem Unbewussten. Das Unbewusste ist – salopp formuliert – ein Mülleimer, in dem alle Unerträglichkeiten, alle Schmerzen, alle Ohnmacht, alle traumatischen Erfahrungen ziemlich gut verschlossen sind. Trotzdem, so Freud, wagt sich dieses gefährliche Material aus der Tiefe heraus – allerdings setzt es sich vorher zwei Tarnkappen auf. Die erste in der Kindheit! Der Weg zur ersten Kappe ist in Kürze: Du merkst, dass du dein Paradies – die lückenlose Befriedigung deiner Bedürfnisse im Mutterleib und die etwas weniger lückenlose Befriedigung deiner Wünsche außerhalb desselben – aufgeben musst. Dein Ich wird gekränkt. Es muss mit anderen teilen. Die Wunschbefriedigung stößt auf Einschränkungen, Grenzen, Aufschub. Ein »eleganter« Ausweg ist die Verdrängung der Wünsche und Bedürfnisse. Ab ins Unbewusste mit euch!

Die zweite Kappe tarnt ihren Ursprung, indem sie die Müllgespenster nicht unbedingt im ursprünglichen Gesicht kindlicher Versagungen und Frustrationen auf die Traumbühne lässt, sondern sie mit Gewändern tarnt, die der Gegenwart des Träumenden entnommen sind. So träumst du vom Ärger mit dem Kollegen, was die veränderte Ausgabe der ewigen Streitereien mit deinem Bruder ist. Sogar die eigene Streitbereitschaft, der eigene Zorn werden schön weggetarnt und dem Kollegen angehängt. Also projiziert.

Nach den diversen Tarn-, Zensur- und Verschiebungsmanövern bleibt vom Gestank des eigenen Mülleimers nicht mehr viel übrig. Ich bin ja ein guter Mensch. Der andere ist der Bösewicht. Kein Wunder, dass uns Träume so geheimnisvoll und rätselhaft vorkommen. Die Träume sind im Grunde Zerrbilder, die an alte, unerfüllte Wünsche erinnern.

Haben alle Träume ihren Ursprung im Unbewussten? Meine Forschung gliedert das Nicht-Bewusste so:
› Erstens das **Unbewusste** (= Mülleimer),
› zweitens das **Unterbewusste** (= das nicht bewusst Wahrgenommene),
› drittens das **Überbewusste** (= das Sein).

Die Kunst der Traumdeutung besteht darin, dieses Nicht-Bewusste in eine bewusste, für den Träumenden verständliche Erkenntnis und Sprache zu überführen.

Hier bist du als Selbst- und Traumcoach gefragt. Oft stehen wir ratlos vor unseren Träumen – sei es den eigenen oder den Träumen anderer. Die Frage ist jetzt, wie helfe ich mir und anderen, Träume zu begreifen? Entscheidend ist nämlich, dass die Träumenden *selbst* die Bedeutung ihres Traums klar erkennen.

Unterschiedliche Traumqualitäten

Ich träume und finde, ich finde, weil ich träume.

FERNANDO PESSOA

Träume sind entweder **Schlaf- oder Tagträume.** Das ist der Hauptunterschied. Wer beim Träumen nicht bewusst ist, schläft. Wer bewusst ist, fantasiert oder visioniert.

› **Tagträume** sind entweder Fantasien vom Traumprinzen, der Traumfrau von der Trauminsel ... Träume, die bewusste Visionen oder das Neue einladende Utopien sind, entspringen einer bewussten und kreativen Geistesverfassung. Sie unterstützen die Lebensplanung und die sinnliche Verankerung von Zielvorstellungen wirkungsvoll.

Alle Träume liefern Seelen-Samen, die aufgehen wollen.

Selbsterforschung

Und Sie?

Wie sehen Ihre Tagträume aus?

_____

_____

_____

_____

_____

_____

_____

Haben Sie nach der Erfüllung aufgehört? Sitzen Sie neben Ihrem Traumpartner mitten in der Erfüllung?

_____

_____

_____

_____

_____

_____

_____

Was sagen Ihre Tagträume über Ihre Wünsche?

_____

_____

_____

_____

_____

Was sagen sie über Ihre Bedürfnisse?

_____

_____

_____

_____

Und was sagen sie über die Defizite in Ihrem Leben aus?

_____

_____

_____

_____

Der **Traum vom gelingenden Leben** ist meist viel zu unrealistisch und zu anspruchsvoll, aber er gibt dennoch darüber Aufschluss, welche Blumen Sie gerne in Ihrem Seelengarten zur Blüte brächten.

Übung/Experiment

Was bleibt von diesen Blumen übrig, wenn Sie alles streichen, was Ihnen von außen zufallen soll?

_____

_____

_____

_____

_____

Wie könnten Sie stattdessen Ihre Träume selbst wahr machen?

_____

_____

_____

_____

TAGTRAUM: SUPERPOTENTE HAUSHALTSGERÄTE

Jörg ist davon überzeugt, dass sein Leben nur sinnvoll ist und deshalb gelingt, wenn er Haushaltsgeräte erfindet, die Arbeit drastisch reduzieren. Besonders begeistern ihn Zwei-in-einem-Geräte. Also Staubsauger, die zugleich feucht wischen. Oder Waschmaschinen, die die saubere Wäsche gebügelt ausspucken.

Andere sind schnellere Erfinder als er (zerkleinern und kochen/backen in einem Gerät). Jörg quält sich weiter. Sein Traum vom gelingenden Leben wird allmählich zum Albtraum. Was steckt dahinter? Folgende Fragen haben ihn auf die Spur zu sich gesetzt: »Was ist so attraktiv an diesen superpotenten Haushaltsgeräten?«

»Sie sparen Zeit und Kraft.«

»Und was ist daran so gut?«

»Der Haushalt ist schneller erledigt, man hat mehr Freizeit.«

»Hm. Gibt es jemanden, der wegen der Hausarbeit zu wenig Freizeit hat oder hatte?«

Jörg, plötzlich unter Tränen: »Ja, meine Mutter. Sie hat sich abgerackert. Ich habe ihr so viel geholfen, wie ich nur konnte und sie war froh und dankbar. Aber es hat nicht gereicht. Sie ist jung an Überarbeitung gestorben.«

Hier wird die Triebfeder für Jörgs Tagtraum vom gelingenden Leben sichtbar. In Mutters Fußstapfen rackert er sich vergeblich für die Erfindung von hyperpotenten Haushaltsgeräten ab. Er blickt also nach außen und vernichtet wie seine Mutter die Freizeit, die er jetzt längst haben könnte, wenn er sie sich erlaubte.

Kurz: Beim Traum vom gelingenden Leben schauen wir auf das, was wir im Äußeren glauben, bewirken oder haben zu müssen. Es ist ein meisterlicher Dreh, wenn wir den inneren Gewinn direkt an die erste Stelle setzen, anstatt uns auf Außenwegen abzumühen.

Jörg realisierte, was sein wirklicher Traum vom gelingenden Leben ist: jetzt schon seine eigene Freizeit zu genießen, anstatt im Wiederholungstheater dem Abrackermodus seiner Mutter zu folgen.

Machen Sie den Meisterdreh!

Können Sie jetzt schon den inneren Gewinn Ihrer Tagträume absahnen? Wie genau?

_____

_____

_____

› Die **Schlafträume** sind die größere Herausforderung. Denn sie liefern Saatgut, das der Entschlüsselung bedarf. Sie enthalten Botschaften von und für uns. Sie machen uns so lange auf etwas aufmerksam, bis die einzelnen Samen im tatkräftig bereiteten Boden aufgehen.

Wichtig: Nur Taten haben einen seelischen Niederschlag und wandeln »schlimme« Träume. Mit hätte, sollte, würde gern … ist in der Seelenlandschaft nichts zu bewirken.

Träume auf der
Bewusstseinsskala

*Die Welt in ihrer Tiefe verstehen heißt,
den Widerspruch verstehen.*

FRIEDRICH NIETZSCHE

Bevor wir uns in das Innere von Träumen begeben, vergegenwärtigen wir uns die verschiedenen Quellgründe von Träumen, indem wir sie anhand meiner **Bewusstseinsskala©** differenzieren. Stellen Sie sich einfach eine Skala von null bis hundert, von Nullinger bis Fullinger vor. Unterhalb der Mitte ist es ungemütlich, weil Altlasten unsere Wahrnehmung verzerren; wir sind verstrickt und fühlen uns nicht wohl. Träume, die diesem Bereich entspringen, signalisieren Integrationsbedarf. Oberhalb der Mitte sind Visionsträume, Wahrträume angesiedelt. Ebenso hellsichtige und luzide Träume. Dem Fullinger, dem Glückseligkeitspunkt, ordnen wir beseligende Träume zu. Dem Nullinger Albträume.

Sie können auch das gesamte menschliche Potenzial in Kernkompetenzen auffächern und dann jede einzelne Kompetenz anhand der Bewusstseinsskala differenzieren. Das ist eine extrem nützliche Unternehmung. Die gute Nachricht: Ich habe das für Sie schon gemacht. Später mehr.

Jetzt schauen wir uns an, wie sich die unterschiedlichen Traum-qualitäten auf der Bewusstseinsskala ausnehmen. Und zwar so:

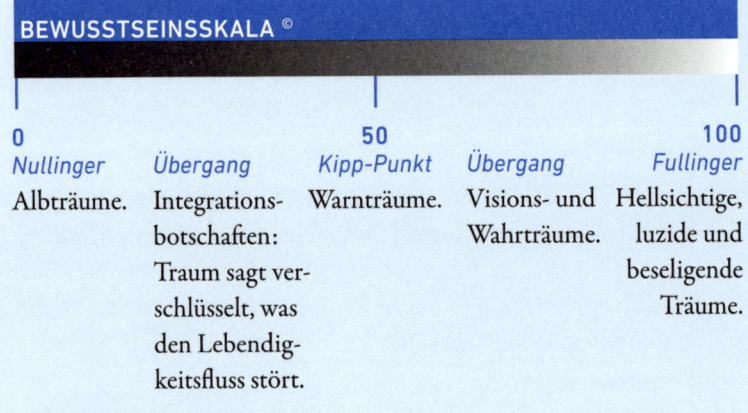

TRÄUME AUF DER BEWUSSTSEINSSKALA
vom Nullinger zum Fullinger

BEWUSSTSEINSSKALA ©				
0		**50**		**100**
Nullinger	*Übergang*	*Kipp-Punkt*	*Übergang*	*Fullinger*
Albträume.	Integrations-botschaften: Traum sagt ver-schlüsselt, was den Lebendig-keitsfluss stört.	Warnträume.	Visions- und Wahrträume.	Hellsichtige, luzide und beseligende Träume.

SELBSTERFORSCHUNG

Markieren Sie nun die Stellen auf der Bewusstseinsskala, wo Ihre Träume sich zeigen:

- meistens
- gelegentlich
- selten

Fällt es Ihnen leicht herauszuhören, wo in etwa die Träume anderer auf der Skala angesiedelt sind?

Funktion der Träume

Tief in unserem Inneren wissen wir letztlich,
dass die Kehrseite jedweder Angst Freiheit ist.

MARILYN FERGUSON

Selbst die schrecklichsten Träume verfolgen einen **guten Zweck.** Sie wollen uns auf alles aufmerksam machen, womit wir unser Glück, unser Einfach-Sein behindern.

Erich Fromm hat anschaulich gesagt: »Träume sind wie ein Mikroskop, durch das wir die verborgenen Vorgänge in unserer Seele betrachten.«

Die mikroskopische Vorgehensweise von Träumen zeigt sich oft in maßloser Übertreibung.

TRAUM VOM MONSTER

Herbert träumt immer wieder, dass er von einem Monster verfolgt wird, bis er mit dem Rücken an der Wand in einem dunklen Kerker steht. Nur im Boden des Kerkers ist eine Klappe, die ihm unheimlich ist. Kein Entrinnen scheint möglich. Ähnlich ausweglos scheint seine berufliche Situation: Er will unbedingt aufsteigen, fühlt sich von seinem Ehrgeiz (= Monster) getrieben und bewältigt das Arbeitspensum kaum (= mit dem Rücken an der Wand). Sein Leben ist freudlos (= Kerker). Einen Lösungshinweis bietet die Klappe im Boden: nicht mehr hoch hinaus, sondern nach unten ausweichen.

In einer **aktiven Imagination** geht Herbert zu der Klappe, öffnet sie und ist erstaunt, dass Licht durch die Öffnung hereinströmt. Er wagt es, durch die Klappe zu gehen, und steht direkt auf einer Wiese, die einem Freizeitpark ähnelt. (Siehe S. 70 f.)

Er entscheidet sich, seinen beruflichen Ehrgeiz zurückzufahren und dafür mehr auf Freizeit und Lebensqualität zu setzen.

Die Traumbotschaft ist bei ihm angekommen. Und weil er wirklich entsprechend handelt, geht das vom Traum gelieferte Saatgut auf. Sein Seelengarten beginnt zu blühen.

Zur Funktion der Träume gehört also auch, dass sie uns zu einer neuen Stufe des Verständnisses für uns selbst, für andere und unsere Einstellungen führen wollen.

Unsere Seele verfügt über eine **innere Weisheit,** die als Kraft wirkt. Und mit ihr werden einseitige und übertriebene Einstellungen unseres bewussten Ichs entschärft. Diese bewussten, übertriebenen und einseitigen Einstellungen sind meist Prägungsschrott aus der Vergangenheit. So wird unser Glück im schlimmsten Falle lebenslänglich getrübt. Das passt unserer Seele nicht. Sie wird nicht müde, uns notfalls immer wieder (Wiederholungsträume) darauf aufmerksam zu machen, dass wir unsere Energie damit vergeuden, uns von Stimmen der Vergangenheit in der Gegenwart beeinträchtigen zu lassen.

Fazit: Es lohnt sich sehr, die Sprache von Träumen zu verstehen. Pirschen wir uns langsam an die Freilegung der vielschichtigen Bedeutungsschattierungen eines Traums heran.

Fragen wir: Was kann der Coach tun und lassen, um das Zappen durch die verschiedenen Bedeutungsschichten zu erleichtern?

Einerlei ob es um eigene Träume oder die anderer geht. Wie finden wir uns im geheimnisvollen, schillernden Nebel der vielen Bilder zurecht? Machen wir eine kleine Nebelwanderung zur markantesten Form der Bedeutungsverdichtung, um einen großen Gewinn für die Traumerschließung einzuheimsen: der Interpretation von Gedichten.

Gedichte verstehen

Ein Gedicht ist die Spitze des Ungesagten,
die gerade noch ins Sagbare reicht.

HILDE DOMIN

Gedichte zu verstehen, ist eine ähnliche Herausforderung wie Träume zu verstehen. Die Dichte großer Ge-Dichte spricht indirekt. Gedichte muten mitunter ähnlich geheimnisvoll an wie Träume.

Zum Beispiel dieses Gedicht von Fernando Pessoa:

Mich erinnernd, wer ich war, sehe ich einen anderen,
Und die Vergangenheit wird Gegenwart.
    Wer ich war, ist einer, den ich liebe,
    Wenn auch nur im Traum.
Und die Sehnsucht, die meine Sinne quält,
Gilt nicht mir noch dem Vergangenen, das ich gesehen,
    Als vielmehr dem, hinter dessen
    Blinden Augen ich wohne.
Nichts kennt mich, einzig der Augenblick.
Selbst meine Erinnerung ist nichts, und ich spüre,

Wer ich bin und wer ich war,
Sind verschiedene Träume.

Stellen Sie sich vor, Sie wären fünfzehn Jahre alt und hätten eine Klassenarbeit mit einer Interpretation von »Mich erinnernd« abzuliefern. Es gäbe wahrscheinlich mehr Möglichkeiten, danebenzutreffen als ins Zentrum der Aussage ...

Es liegt in der Natur großer Dichtkunst, dass sie ahnbar macht, was nicht direkt ins Wort kommt. Sie verweist in aller Gedrängtheit auf etwas, das sich beinahe entzieht. Wer im Nebel des Nichtgesagten seine Fantasie spielen lässt, macht eine Aussage über sich selbst, nicht über die Bedeutung des Gedichts (oder des Traums). Im Vergleich zum Traum jedoch haben wir beim Gedicht immerhin einen klaren, unverrückbaren Text vor uns, der im Wachzustand bewusst verfasst wurde. Ein Gedicht angemessen zu verstehen ist leichter, als einen Traum zu verstehen. Wenn wir die literaturwissenschaftlichen Regeln der Interpretation beherzigen, achten wir darauf, nichts Eigenes in den Text hineinzulegen, aber alles herauszuholen, was sich objektiv begründen lässt. Bei der Deutung eines Gedichts oder eines anderen literarischen Textes ist die hundertprozentige Abstinenz vom Hineinbasteln eigener Assoziationen oder Fantasien erforderlich. Das ist eine Herausforderung. Um es überspitzt zu veranschaulichen: Fernando Pessoa spricht in seinem Gedicht nicht von schönen Erinnerungen an die Vergangenheit.

Anders beim Traum! Hier sind spontane (!) Assoziationen des Träumenden gültig, wünschenswert und aufschlussreich. Als »Traumdeuterin« praktiziere ich jedoch dieselbe Abstinenz wie bei der Auslegung eines Gedichts.

Achtung: Wenn ich mich selbst beim Verstehen meiner Träume begleite, ist jede innere Regung, jede spontane Assoziation aufschlussreich.

Begleite ich jedoch andere beim Verstehen ihrer Träume, ist meine Haltung ganz anders. Aufmerksam registriere ich jede Regung meines Gegenübers. Mein Mitgehen und meine Empathie laufen auf Hochtouren – wie grotesk oder abstrus der Traum auch sein mag.

TRAUM: ABGEBRANNTES HAUS

Charlie träumt, dass sein Haus abgebrannt ist. Als außenstehender Traumcoach weiß ich nur, dass Charlie geträumt hat, dass sein Haus abgebrannt ist, dass es jetzt nicht mehr da ist, dass Feuer das Medium der Nivellierung war. Ich weiß nicht, ob der Träumende das als einen schlimmen Verlust oder eine grandiose Befreiung erlebt. Das merke ich ihm vielleicht an oder entnehme ich seinen spontanen Kommentaren, aber ich weiß es nicht.

Charlie hat als Selbstcoach seines Traums erstaunt realisiert, welche Freude er erlebte, als sein Haus abfackelte. Sein tolles Haus! Er hat sich so dafür abgerackert. Und jetzt dieser Jubel im Traum. Für Charlie ist plötzlich klar, dass im Traum nicht wirklich sein Haus verbrennt, sondern seine ewige Müh und Plag für das Wohlstandszeug.

Hiermit ist der Finger bereits auf die entscheidende Stelle meines Traum»deutungs«ansatzes gelegt:
Nur im Träumenden selbst verbergen sich alle Bedeutungen.

Der »Traumcoach« ist lediglich eine Art **Hebamme,** die jene Bedeutungen ans Licht zu bringen hat. Und zwar ohne selbst etwas
zu gebären! Mittels Hebamme wird das im Dunkeln Verborgene
ins helle Licht der klaren Verständlichkeit befördert. Auch der
Selbstcoach lässt sich bitte nicht von seinen wachbewussten
Werten manipulieren, sondern bleibt bei der Wahrheit – hier die
Freude in seinem Traum.

Das Stimmigkeitssiegel klebt immer der Träumende auf die
»Deutung«.

Wir sehen jetzt schon, wie kritisch Traumdeutungsbücher
sind, in denen Bedeutungsangebote für bestimmte Bilder gemacht werden. Wer beispielsweise träumt, an einer Weggabelung zu stehen, könnte sich in der Tat in einer Entscheidungs-
krise befinden. Vielleicht ist es aber anders. Vielleicht ist er froh,
mehrere Möglichkeiten zu haben, vielleicht möchte er sich lieber
hinsetzen oder zurückgehen oder den Luftweg wählen. Die Hebamme weiß das nicht. Und genau das ist ihr Fest. Sie wirft ihre
ganze Präsenz und Wachheit in die Waagschale, anstatt in eigenen Vorstellungen und »möglichen« Deutungen zu kramen.

Das Zunächst-nicht-Wissen gilt es – wie beim Gedicht – aus-
zuhalten.

Übung/Experiment

Machen Sie sich die Freude, allein oder mit Freunden das folgende Gedicht auf sich wirken zu lassen.

ACH, nicht getrennt sein,
nicht durch so wenig Wandung
ausgeschlossen vom Sternen-Maß.
Innres, was ist's?
Wenn nicht gesteigerter Himmel,
durchworfen mit Vögeln und tief
von Winden der Heimkehr.

RAINER MARIA RILKE

Und dann werfen Sie wilde »Bedeutungs«-Fantasien in die Runde. Danach ringen Sie um eine durch den Text belegbare »saubere« Deutung.

Nichts hineindeuten, alles rausholen

Wahres Verstehen ermüdet nicht
beim unendlichen Dialog und Zirkelschluß,
weil es darauf vertraut, dass die Einbildungskraft
zumindest einen Schimmer des ...
Lichts der Wahrheit wahrnimmt.

HANNAH ARENDT

Träume sind meist nicht bewusst gesteuerte Produkte unserer Seele. Sie können, wie wir schon gesehen haben, aus verschiedenen Schichten kommen.

Träume haben immer etwas mit uns und unserem Leben zu tun, und sie enthalten sehr oft eine Botschaft, eine Warnung, einen Hinweis. Diese gilt es zu verstehen und in eine Handlungskonsequenz zu überführen. Das nicht willkürliche Eindringen bei der Arbeit mit Träumen besteht darin, eine »Deutungstechnik« zu entwickeln, die **nichts** in den Traum hineinlegt, aber doch seine Bedeutung freilegt. Das tiefe Wahrheitsempfinden des Träumers ist ausschlaggebend für die Richtigkeit einer »Deutung«. Hier haben Sie als Selbstcoach einen riesigen Vorteil: Sie haben Ihren Traum von innen erlebt. Ihr eigenes Wahrheitsempfinden ist unmittelbar da. Es feit Sie gegen Deutungsübergriffe sich selbst gegenüber.

Die Arbeit mit Träumen ordne ich meinem Methodenkanon der therapiefreien Therapie zu. Aus zwei Gründen: erstens wegen der beschriebenen Deutungsabstinenz und zweitens, weil Träume einen Stoff liefern, der sich an den glättenden Verharmlosungen, Rationalisierungen und somit Verzerrungen des Verstands vorbeigeschlichen hat.

Und wie genau legen wir die Bedeutung eines Traums frei? Überlegen Sie, welche »Werkzeuge« Sie nutzen können.

Selbsterforschung

Als Eigencoach habe ich folgende Möglichkeiten:

_____

_____

_____

Als Begleitcoach könnte ich ...

_____

_____

_____

Träume erinnern und verstehen

Sehen heißt abseits stehen.
Klar sehen heißt stillstehen.
Analysieren heißt fremd sein.

FERNANDO PESSOA

Unsere Träume sagen uns, wer wir sind und wer wir sein könnten. Sie verbinden uns mit unseren Abgründen und unseren Flügeln. Im Traum sind wir mehr wir selbst als im Wachbewusstsein. Deshalb lohnt es sich so sehr, die Träume zu erinnern und ihre Sprache zu verstehen.

Unser erster Schritt ist also, die Traumerinnerung zu fördern:

1. **Entscheiden** Sie sich am Abend: »Morgen früh oder schon in der Nacht erinnere ich mich an meine Träume.« Nehmen Sie es sich richtig vor!
2. Führen Sie ein **Traumbuch,** in dem Sie alle oder markante Träume unter dem Tagesdatum aufschreiben.

Dabei sind folgende Kürzel nützlich:

T	=	Traum
TS	=	Traumszene
TB	=	Traumbild
W/A	=	Wachgedanken/Assoziation
ST	=	Stimmung
V	=	Verbindung zum Vor- oder Vorvortag
F	=	Fazit in 1–2 Sätzen, was die Bedeutung des Traums ist
H	=	Handlung, zu der mich die Botschaft des Traums bewegt

Leitfaden/Selbsterforschung/Übung

Ich erinnere mich an folgenden Traum:

_____

_____

_____

Folgende Traumszene:

_____

_____

Folgendes Traumbild:

_____

Meine Wachgedanken/Assoziationen sind:

_____

_____

_____

Meine Stimmung im Traum war:

_____

_____

_____

Folgende Verbindung zum Vortag oder Vorvortag kommt mir in
den Sinn:

_____

_____

_____

Mein Fazit zur Bedeutung des Traums:

_____

_____

Fie für das Traumgeschehen zuständige(n) Kern-
kompetenz(en):

_____

_____

_____

Folgende Handlungskonsequenz ziehe ich aus dem Traum:

_____

_____

_____

Dieser Übungskasten kann als Schablone
für Ihr Traumbuch dienen.

Träume entspringen einer anderen Quelle als das logische, rationale Denken. Je häufiger wir diese Quelle im Wachbewusstsein aufsuchen, umso größer wird die Wahrscheinlichkeit, die eigenen Träume zu erinnern. Deshalb:

Der Fantasie viel mehr Auslauf bieten. Zum Bespiel über Fantasiegeschichten, Fantasieausbrüche, das Sich-Hineinversetzen in die verschiedensten Facetten des Lebens. Etwa:»Ich als Meer kann dazu sagen ...« Oder:»Wenn meine innere Stimme laut sprechen könnte, würde sie sagen: ...«

Es ist befreiend und aufschlussreich, diverse Persönlichkeitsanteile in sich zu Wort kommen zu lassen. Verleihen Sie Ihrer Sehnsucht, Liebe, Begeisterung oder Ihrer Angst, Wut, Verletztheit usw. eine Stimme. Also nicht *über* den Ärger sprechen, sondern *als* Ärger. Je mehr es gelingt, die eigene Fantasie agieren zu lassen, umso erkenntnisreicher und unkonventioneller ist das sich ergebende Stimmungsgemälde.

Im Quellgrund der Fantasie lässt das Denken die Zügel locker; im Traum sowieso. Deshalb erfährt unsere Seele im Träumen und Fantasieren ein besonderes Willkommen.

Wenn meine Liebe, Sehnsucht, Begeisterung oder meine
Verletztheit oder x, y, z sprechen könnten, würden sie sagen:
Schreiben Sie als Erstes den Begriff für die sprechende Instanz
hin. Und los geht's!

_____

_____

_____

_____

Traumarten

Bevor ich Ihnen verschiedene Traumarten vorstelle, machen wir eine grundsätzliche Unterscheidung. Nämlich:

Eine Person oder ein Gegenstand (= x) hat im Traum

1. **eine wörtliche Bedeutung**

=> diese Person oder Sache existiert real in meinem Leben, und der Traum könnte eine Aussage über sie machen.

2. **eine übertragene Bedeutung,**

=> wenn Person oder Sache nicht existiert oder die wörtliche Bedeutung keinen Sinn macht.

x symbolisiert etwas in meinem äußeren Leben (objektive Interpretation)

x steht symbolisch für einen Teil meiner eigenen Persönlichkeit (subjektive Interpretation)

Da das Äußere in der Regel eine Widerspiegelung des Inneren ist, ist es logisch, die strenge Trennung in objektive und subjektive Interpretation aufzugeben. Die letztlich innige **Verflechtung von Innen und Außen** wird meiner Erfahrung nach nirgendwo so genial sichtbar wie in Träumen. Dennoch ist es hilfreich, die Unterscheidung in die wörtliche und übertragene Bedeutung beizubehalten. Denn meist ist dem Träumenden die eine oder andere Blickrichtung zunächst verständlicher.

Das Nicht-Bewusste habe ich aufgefächert in unbewusst, unterbewusst und überbewusst. (Vgl. S. 13) So als gäbe es drei Traumquellen. Anders gesagt, das Nicht-Bewusste öffnet sich in Träumen in verschiedenen Facetten der Realität. Bei der Deutung stellen wir uns also ebenso auf mannigfaltige Spielplätze der inneren und äußeren Wirklichkeit ein.

1. Wir prüfen, ob die Träume Informationen über äußere Umstände enthalten (objektive Realität)
=› Der Traum schaut nach außen. Zum Beispiel:
   » Dran-erinnern-Träume, die mich an Übersehenes oder Vergessenes erinnern.
   » Warnträume, die auf eine mögliche Gefahr aufmerksam machen.
   » Wahrträume, in denen Zukünftiges oder Verheimlichtes auftaucht.
   » Durchschau-Träume, in denen Menschen durchschaut werden, unterbewusste Detektivarbeit.
   » Nutzen-abwäg-Träume, die über die Qualität und den Erfolg einer Begegnung Auskunft geben.

2. Wenn kein Bezug zur aktuellen Lebenssituation erkennbar ist, dann können die TräumerInnen durch Assoziationen der Bedeutung des Traums näherkommen.
3. Traumelemente stehen für eigene Persönlichkeitsanteile (subjektive Realität).
=> Der Traum schaut nach innen.

Hierzu ein ausführliches Beispiel:

TRAUM: DEFEKTE KÜCHENMASCHINE

Isolde erzählt ihren Traum: »Ich bin bei einer Bekannten und bemerke, dass die Küchenmachine nicht ebenmäßig arbeitet. Vielleicht muss sie repariert werden. Irgendetwas muss geschehen. Plötzlich fliegt die Abdeckung runter. Die ganze Küche ist eingesaut. Chaos pur. Obendrein scheint ein Kabel durchgeschmort zu sein. Es riecht komisch. Angebrannt. Ich bin verzweifelt.«
Wenn dieser Traum nach außen schaute, dann könnte er auf einen realen Defekt an der Küchenmaschine aufmerksam machen. Isolde überprüfte die Küchenmaschine. Sie war in Ordnung. Ihr Traum schaute nach innen. Sie fragte sich, was Küchenmaschine für sie bedeutete. Ihr fiel nur ein, dass sie zum Küchenzubehör gehört und zum Zerkleinern gebraucht wird.
Da sie keine andere sinnvolle Assoziation hatte, kam nun die nächste Strategie zum Zuge: Isolde versuchte in der Vorstellung, zur Küchenmaschine zu »werden«. Sie fragte sich, wie es ist, eine Küchenmaschine zu sein, und verlieh ihrem Gefühl in der Ich-Form eine Stimme: »Ich bin eine Küchenmaschine. Ein Gebrauchsgegenstand, der in die Küche gehört. Ich werde ange-

stellt, wenn ich gebraucht werde. Und dann werde ich abgestellt, wenn man fertig ist mit mir. Es ist schrecklich, so behandelt zu werden. Und weil mich niemand beachtet, spucke ich den ganzen Inhalt aus! Ich brenne vor Wut.«

Wir sehen, dass die Küchenmaschine einfach für einen eigenen Persönlichkeitsanteil steht. Der Traum schaut primär nach innen. Und da jedes Innen sich auch im Außen widerspiegelt, gibt es auch in Isoldes Traum noch ein weniger offensichtliches Außen, das weiter unten aufgeblättert wird.

Halten wir fest: Die Träumerin legt – dank der Strategie, **sich in ein zentrales Bild des Traums zu versetzen,** selbst die Bedeutung des Traums frei.

Ist der Begleitcoach völlig überflüssig? Nein, nicht unbedingt, aber er hat eine neue Aufgabe: Beim Finden der Bedeutung eines Traums und der Handlungskonsequenz stellt er Fragen, bis die Träumerin ihre eigene Antwort in aller Evidenz aufleuchten sieht. So war für Isolde die Traumbotschaft plötzlich ganz evident.

Um jedoch mit ihrer Lebensfreude ernst machen zu können, braucht Isolde noch eine oder gar mehrere **Handlungskonsequenzen.** Ihr letzter Satz war: »Es ist schrecklich, so behandelt zu werden.« Die Fragen stehen im Raum. Wer behandelt sie so (nach außen schauend) und inwiefern behandelt sie sich selbst so oder lässt zu, von außen so behandelt zu werden (nach innen schauend)?

Genau! Mit so einem »kleinen« Traum stehen wir mitten in den ungelösten Lebensthemen eines Menschen. Mich begeistern und rühren der Einfallsreichtum und die Fürsorge von Träumen. Deshalb verstehe ich den Traum als großen Hauptcoach.

Begleiten wir Isolde weiter bis zu *ihrer* **Handlungskonse-** **quenz.** Hierbei haben wir fest im Bewusstsein, dass Isolde einen »guten« Grund hat, sich so behandeln zu lassen. Vielleicht wäre ihr alleinerziehender Vater vor Überlastung zu sehr am Limit gewesen, wenn er nicht Isoldes Hilfe gehabt hätte. So oder anders wurde Isolde zur Küchenmaschine.

Zurück zu dem Moment, wo die Träumerin erkennt, wie schrecklich es ist, so behandelt zu werden, weshalb sie den ganzen Inhalt ausspuckt. Auf dem Weg, eine Handlungskonsequenz zu finden, könnte man Isolde fragen: »Was wäre denn eine bessere Verhaltensweise für dich?« Aber diese Frage kommt an dieser Stelle zu früh. Erinnern wir uns, dass Isolde gerade voll in der Emotion ist. Deshalb langsam und vage, weil Raum bietend, weiter. Zum Beispiel mit: »Ja, meine Güte! Hm, und jetzt? Geht da was?«

Isolde: »Nein, da geht nichts, es ist zu schlimm, ich kann nichts ändern.« So spricht die Instanz in ihr, die sie am angepassten Modus, ein »Gebrauchsgegenstand« zu sein, hat festhalten lassen. Um in der kraftvollen Wucht des Traums zu bleiben und um Isolde einen Steigbügel hinzuhalten, könnten wir als Begleitcoach fragen: »Doch! Wie wär's mit ausspucken?« (Isolde lacht, was ein Zeichen für ihre Bereitschaft ist, neu zu denken.) Dann sagt sie: »Oje, wenn ich ausspuckte, dann würde ich ...« (Pause)

»Ja, dann würdest du ...?« **(Wir halten ihren Schwung am Laufen, ohne eigene Ideen zu bringen.)**

»Dann würde ich nur noch *meinen* Haushalt machen und nicht mehr den meines bekloppten Partners! Und ich würde es ihm sagen!« In dem Bewusstsein, dass es eine Triebfeder in ihr gibt, die sie 42 Jahre lang hat anders handeln lassen, ist folgende Reaktion auf sie sinnvoll: »Das ist tollkühn! Dann bist du nicht nur den zweiten Haushalt los, sondern ...« (Sie fällt mir ins Wort:) »Sondern auch ihn! Wunderbar! Zwei Fliegen mit einer Klappe! Was für ein hilfreicher Traum!«[1]

Sehen Sie, wie wichtig es ist, die Träumenden selbst ihre Antwort finden zu lassen? Es ist wie mit einem Schlüssel und dem dazugehörigen Schloss: nur der richtige Schlüssel, hier die eigene Deutung, passt.

ÜBUNG

Probieren Sie es aus. Erinnern Sie sich an ein markantes Element oder eine vorherrschende Person in Ihrem letzten Traum und schreiben Sie drauflos: Ich bin

_____

_____

_____

_____

_____

---

1   Auszüge dieses Gesprächs wurden aus einer Aufzeichnung transkribiert.

Diese Methode, sich in bestimmte Traumelemente zu versetzen, eignet sich auch ganz vorzüglich zum Aufdecken von Projektionen. Hierzu ein kurzes Beispiel:

TRAUM: UNTER EINER DECKE SITZEN

Vivian erinnert sich nur an eine Traumszene: Sie sieht ihren Partner mit einer anderen Frau im Wellnessbereich des Hotels unter einer Decke sitzen.

Sie erwacht und ist verstört. Ihre Eifersucht lodert gewaltig. Sie rast im Gedankenkarussell und überlegt, wer die Nebenbuhlerin sein könnte, und beobachtet ihren Partner argwöhnisch.

Sie zwingt sich schließlich, die hier vorgestellte und von Ihnen schon geübte Methode einzusetzen. Sie versetzt sich in ihren Partner und formuliert: »Ich sitze neben meiner neuen Liebe. Wir beide unter einer Decke. Es fühlt sich wunderbar an.«

Vivian realisiert, was sie sich selbst wünscht, und ist schlagartig von ihrer Eifersuchtsattacke befreit, weil sie ihre Projektion erlebnisstark durchschaut hat.

Träume schauen
nach innen und außen – ein
Wiederholungstraum

Ich glaube, wir fragen falsch,
wenn wir uns dem Schicksal gegenüberstellen,
anstatt zu sehen, dass wir mit ihm eins sind:
dass wir, was mit uns geschieht,
insgeheim herausfordern.

CHRISTA WOLF

Wenn wir mit Christa Wolf begreifen, wie sehr Innen und Außen Hand in Hand gehen, dass das Resonanzgesetz tatsächlich ein Gesetz der Anziehung ist, umso klarer wird uns, inwiefern **jeder Traum tatsächlich nach innen *und* außen schaut**. Außerdem wird klar, inwiefern jede Verwandlung im Innern Veränderungen im Außen zur Folge hat. Und umgekehrt: Jedes Verändern im Außen wirkt auf das Innere zurück. Deshalb sind wir so scharf auf die **Handlungskonsequenz**. Wenn wir nicht handeln – sei es innen oder außen –, serviert uns die Seele Wiederholungsträume. Das Geniale an gut verstandenen Träumen ist, dass sie uns regelrecht an die Hand nehmen, um unsere Entwicklungsreise durchs Leben effizient und einzigartig vorzuebnen.

Nataschas Traum ist **beispielhaft**. Ich stelle ihn vor, um Ihnen nochmals die Traumrichtungen innen und außen vorzuführen und um den Traum mit der Ursprungssituation, die ihn bedingte, zu verbinden.

Es handelt sich um einen Wiederholungstraum, der sehr beunruhigend ist, und Natascha erinnert sich an die einzelnen Szenen während des Träumens, weil sie den Traum ja kennt. Der Auftakt ist immer gleich. In Nataschas Worten: »Ich stehe vor einer riesigen Düne und muss da unbedingt hoch. Es zieht mich hoch, denn auf der anderen Seite ist ein Tsunami. Oben angekommen, sehe ich die riesigen Wassermengen, die sich bedrohlich auftürmen. Und dann laufe ich weg.«

Im selben Traum geht es in neuen Szenen so weiter: »Ich sitze im Auto meines Vaters. Ich sitze am Steuer und habe das dringende Bedürfnis, meinen Sohn zu retten, den Hund und ab und zu auch den Mann.«

Und wieder eine neue Szene im selben Traum: »Ich sitze immer noch am Steuer des väterlichen Autos. Ich sehe mich wie im Aufzug eines Hochhauses – senkrecht in dem Schacht, ich muss senkrecht hochfahren in dem Schacht. Ich muss hoch. Es ist ganz wichtig, dass ich hochkomme.«

Mit diesem dringenden Anliegen endet der Traum jedes Mal. Immer wenn Natascha diesen Traum hat, wiederholt sich die ganze Serie: Düne, Rettungsbedürfnis, unbedingt im Schacht nach oben fahren müssen. Was ist die Kernaussage dieses Traums?

Ich greife detailliert darstellend nur eine Stelle aus meinem Gespräch mit Natascha auf. Beim Erzählen dieses Wiederholungstraums ist ihr anzumerken, wie bewegt sie ist, wie absolut wichtig es ist, mit dem Auto hochzukommen. An dieser Stelle im

Gespräch gehe ich einfach innerlich mit und wiederhole mit ihr, wie wichtig es ist, den Schacht hochzukommen. Ich sage also: »Das ist ganz wichtig, da hochzukommen, das muss unbedingt sein ...« »Ja«, sagt sie, »denn oben ist Sicherheit!« Ich: »Sicherheit ist das Ziel!« Natascha: »Sicherheit ist das Entscheidende.«

Im Kurzraffer geht es jetzt weiter, damit Sie die ungeheure Weisheit der Träume auch aus der Adlerperspektive miterleben können. Natascha war Jugendliche, als ihre Lebenssicherheit sehr erschüttert wurde, weil ihr über alles geliebter Vater die Familie samt Vermögen verlassen hat. Als Nataschas Sohn genauso alt ist wie sie im großen Krisenjahr ihrer Jugend, beginnt dieser Wiederholungstraum. Sie muss im Auto ihres Vaters (Hinweis) das Unmögliche vollbringen: senkrecht in einem Schacht hochfahren, um alle in Sicherheit zu bringen, denn ihr Sohn soll auf keinen Fall durchmachen, was sie durchgemacht hat. Das ist die aus ihrer schlimmen Erfahrung stammende Triebfeder.

Und wie bringt sie Sohn, Hund und manchmal den Mann in Sicherheit? Natascha hat ein erfolgreiches Unternehmen aufgebaut, sodass immerhin die äußere Sicherheit für alle gewährleistet wurde.

In diesem Sinne schaute der Traum nach außen. Und wie schaut er nach innen? Natascha wurde als Jugendliche durch den Zusammenbruch ihrer Welt nicht nur in ihrem Selbstwert erschüttert, sondern ihre gesamte innere und äußere Sicherheit krachte zusammen. Ja, sie musste, wie sie sagte, auch den Selbstwert senkrecht hochfahren und Ängste meistern. So schaut der Traum nach innen.

Übung/Selbsterforschung

Haben oder hatten Sie Wiederholungsträume?

_____

_____

_____

Was war/ist die Auslösesituation?

_____

_____

_____

Inwiefern schaut(e) Ihr Traum nach außen?

_____

_____

_____

Inwiefern schaut(e) Ihr Traum nach innen?

_____

_____

Noch ein Beispiel aus dem Jahr 2020.

Im März des 1. Covid-19-Jahres hat Vera erstmalig folgenden Wiederholungstraum: Sie möchte in Urlaub fahren und packt ihren Koffer, was sich sehr schwierig gestaltet. Kaum hat sie den Koffer voll, realisiert sie, dass noch etwas fehlt. Als sie das Fehlende in den Koffer legen will, ist dieser plötzlich wieder leer. Sie packt ihn erneut. Diese Szene wiederholt sich etwa dreimal. Aber dann ist alles drin, und sie will abreisen. Sie nimmt ihren Koffer, der sich plötzlich unten öffnet. Alles liegt am Boden. Diese Packszene scheitert in Varianten so lange, bis sie angstvoll erwacht.

Wir wollen wieder wissen, inwiefern der Traum nach innen und inwiefern er nach außen schaut.

Vera erforscht sich

Sie beantwortet die folgenden Fragen:

1. **Was ist dein Hauptgefühl im Traum?**
   Ich fühle mich eingesperrt, weil ich nicht abhauen kann. Ich bin ohnmächtig, weil mir meine Sachen abhandenkommen, nicht in den Koffer passen, ständig verloren gehen.
2. **Was ist Ihr Wachgedanke zu diesem Gefühl?**
   Ich habe Angst, dass ich meinen Besitz nicht behalten kann, und ich habe das Gefühl, keine Bewegungsfreiheit zu haben. Der Lockdown macht mich verrückt.

Die äußere Situation ist der Lockdown. So schaut Veras Traum nach außen.

Um ihren Traum für die persönliche Entwicklung und Befreiung fruchtbar machen zu können, braucht Vera eine ganz konkrete Handlungskonsequenz. Deshalb fragt sie sich: »Was könnte ich tun oder lassen, um innerlich ungebunden zu sein?«

Vera realisiert lachend: »Ich könnte mehr einkehren, anstatt ständig abhauen zu wollen.«

»Und wie sähe das genau aus?«, frage ich nach.

»Ganz einfach: Ich lese mehr, ich beschäftige mich mehr mit meinen Träumen, ich schreibe auf, was mich innerlich nährt, und setze das peu à peu in die Tat um. Ja!« Vera spricht die Handlungskonsequenz freudig und mit Nachdruck.

Und die drei Schritte, die Vera durchlaufen hat, können auch für Sie ein Wegweiser sein.

Übung/Experiment

Was ist Ihr Hauptgefühl im Traum?

_____

_____

_____

_____

Was ist Ihr Wachgedanke zu diesem Gefühl?

_____

_____

_____

Was ist Ihre Handlungskonsequenz?

_____

_____

_____

Beim Umgang mit Träumen bedenken

Das Glück wird den Menschen so selten zuteil,
weil sie es draußen suchen statt drinnen.

WALTER NIGG

› Die Bedeutung von Träumen lässt sich nicht anhand von
  Theorien über Träume aufschlüsseln, sondern ist unmittelbar im Traum selbst.
› Der Träumer ist verantwortlich für alles, was in seinen
  Träumen erscheint – wie schrecklich oder dumm es auch
  sein mag.
› Alle Traumbilder, die aus dem Unbewussten kommen,
  sind Teile von uns, die wir abgeschoben (projiziert) haben,
  weil sie eine Bedrohung darstellen für die hehre Vorstellung,
  die wir bewusstermaßen von uns selbst hegen.

TRAUM: GARTENSCHERE SUCHEN

Uwe träumt immer wieder, dass er in einer Schublade die große
Gartenschere sucht. Er findet sie einfach nicht. Er ist ratlos, wü-
tend und ohnmächtig. Er braucht die Schere unbedingt. Ange-

strengt schaut er in die Schublade und plötzlich sieht er sich selbst neben dem Krempel in der Lade liegen. Er will sich rausholen.

Hier bricht der Traum ab. Wir kommen gleich auf ihn zurück. Machen wir uns zunächst klar:

> **Traumserien** sind aufschlussreicher als Einzelträume.
> **Spontane Assoziationen** des Träumenden sind wichtige Hinweise.
> **Träume geben Aufschluss** darüber,
> » wie ich mich selbst sehe,
> » wie ich andere sehe,
> » wie ich die Welt sehe,
> » wie ich meine Impulse (auch als: »dunkle« Triebe) sehe,
> » wie ich meine Konflikte sehe:

Freiheit	← --- →	Sicherheit
richtig	← --- →	falsch
Männlichkeit	← --- →	Weiblichkeit
Leben	← --- →	Tod
Liebe	← --- →	Hass

> **Träume enthalten Hinweise** auf das, was dem Wachbewusstsein des Träumers entgangen ist.
> Der von C. G. Jung entwickelte Ansatz des **»inneren Dialogs«** ist ein wertvoller Schlüssel zum Verständnis eines Traums. So ließ Friederike »Vater Staat« und den »Schreibtisch« miteinander sprechen, wodurch ihre entscheidende Erkenntnis unterstrichen wurde.
> Träume geben verlässlich Aufschluss über nicht gelebte Persönlichkeitsanteile, also über unsere **Schattenanteile**

und Projektionen. Die psycho-energetische Integration dieser Persönlichkeitsanteile ist zentral für unsere Befreiung. Alles nicht Integrierte steht unserem Glück im Weg.[2]

› **Grundfrage:** Warum wählt der Träumer gerade dieses und kein anderes Symbol? Wenn es sich um eine Person handelt, dann ist es oft nützlich, deren Namen oder hervorstechendste Eigenschaft als Hinweis zu benutzen.

Denken wir an Uwes Traum. Er enthält zwei Bilder: die Schublade und die große Gartenschere. Letztere sucht er und braucht sie unbedingt! Was es damit auf sich hat, lesen Sie bald.

---

2   Den Leitfaden der psycho-energetischen Integration habe ich in meinem Buch *Wer sich liebt, umarmt die Welt*, Scorpio Verlag, niedergeschrieben.

Traum(be)deutungsstrategien

Wahrheit ist nicht Enthüllung,
die das Geheimnis vernichtet,
sondern Offenbarung,
die ihm gerecht wird.

WALTER BENJAMIN

Ich erinnere daran, dass unsere Träume uns kostbares Saatgut für unsere Seele schenken.

> Als **Selbstcoach** üben wir uns darin, die eigenen Träume zu verstehen und sie für unsere Selbstbefreiung fruchtbar zu machen.

> Als **Begleitcoach** üben wir uns darin, anderen auf dem Weg zur Bedeutung ihres Traums nicht invasiv zur Seite zu stehen.

Und jetzt geht es los mit den (Be-)Deutungsstrategien:

1. Ich achte auf Lachen, Mimik, Tonfall, Atmung, Körperhaltung und Gestik des Träumers, während er seinen Traum wiedergibt.
2. Ich erzähle den gehörten Traum so wortgetreu wie möglich zurück. Wenn es mein eigener Traum ist, dann erzähle ich ihn

mir selbst oder schreibe ihn auf. Beim Zurückerzählen wieder auf alle Reaktionen achten!

3. Wenn es um den Traum eines Gegenübers geht, erzähle ich ihn ein zweites Mal zurück und akzentuiere etwas, indem ich die spontanen Reaktionen des Träumers bei meinem ersten Zurückerzählen zur Unterstreichung einzelner Trauminhalte nutze.

4. Ich berücksichtige das Traumgefühl des Träumers. Achtung! Wie geht das am besten? Als Traumcoach sollten wir alle Sinne ausfahren und möglichst genau spüren und wahrnehmen, wie sich der Träumer fühlt. Wann zittert die Stimme, welche Emotionen enthält sie, was verrät die Mimik, die ganze Körpersprache? (Vgl. Punkt 1) Diese größtmögliche Aufmerksamkeit ist erforderlich, weil wir die Träumer nicht im Nacherleben ihres Traums unterbrechen wollen. Und das täte die direkt gestellte Frage: »Wie hast du dich im Traum gefühlt?« Diese und andere Fragen reißen die Erzählenden auf eine mehr kognitive Ebene, die den Abstand zum unmittelbaren Nacherleben des Traums in dieser Phase des Verstehens drastisch erhöht. Der Träumer wird aus dem Kokon seines Traums herauskatapultiert.

Fragen zu stellen ist natürlich immer hilfreich und insofern sehr sinnvoll, wenn wir einem Traum auf die Schliche kommen wollen, aber sie sollten erst gestellt werden, wenn der »Kokon-Gewinn« ausgeschöpft ist. Aber dann gerne!

› **Ich stelle Fragen:**
  Was lässt der Traum aus?

Zum Beispiel: Jemand träumt von einem Haus ohne Fenster. Der Traum lässt die Fenster aus. Daraus ergibt sich u.a. folgende Frage: Wie sieht es mit Licht, frischer Luft, Ausblick in meinem Leben bzw. im Leben des Träumers aus? **Wo bricht der Traum ab?** Inwiefern hat das Abbrechen genau an dieser Stelle einen Bezug zum aktuellen Leben der Träumerin?

> Die im leger geführten Gespräch auftauchenden Assoziationen des Träumers sind ausschlaggebend und wichtig zum Verstehen.

Noch mal zu Uwe: Nachdem ich den Traum zurückerzählt habe, wäre eine als Aussagesatz formulierte »Frage« mit Frageintonation hilfreich. Zum Beispiel so: »Du brauchst die Gartenschere unbedingt ...?« Uwe springt an: »Ja, ich muss alles Überflüssige abschneiden.« »Ah ja, das muss weg ...?« Uwe: »Ja, das muss dringend weg, weil es allem anderen die Luft nimmt.« Uwes Stimme ist dabei von verzweifelter Dringlichkeit. Uwe spricht hier wahrscheinlich die Botschaft seines Traums an: Das Überflüssige nimmt allem anderen die Luft. Hier ist die Versuchung groß, diesen Ball sofort zurückzuspielen und zu fragen: »Was nimmt dir im Leben die Luft?« Geschickter, weil mehr Freiheit und Raum lassend, ist diese »Frage« als eher zu sich selbst sprechend intoniert: »Ah, das muss dringend weg, weil es allem anderen die Luft nimmt ...?« Pause. Uwe: »Genau! Wie mein ganzes Zuviel im Leben: Zeug, Termine, Arbeit, Stress in der Partnerschaft. Und ich sehe tatenlos zu, spiele ein ohnmächtiges Spiel, komme nicht an meine Handlungskraft.« Hier verstehend und fragend intonieren: »So wie du nicht an die Schere kommst?«

Uwe: »Exakt so! Stattdessen liege ich wie ein ungebrauchtes Werkzeug in der Schublade und suche nach mir. Meine Güte! Ich habe den Traum verstanden.«

Das Ziel ist erreicht: Uwe erkennt selbst die Bedeutung seines Traums. Bingo! Es fehlt nur noch die **Handlungskonsequenz**.

Der Hauptgewinn beim Ernstnehmen der Träume ist, dass ihre mitunter bizarre Eindrücklichkeit, ihre plastische Sprache und Wucht einen Motivationsschub zum Handeln mitliefern können. Eitle Vorsätze und Über-Ich-Diktate haben niemals so viel Handlungs- und Erfüllungskraft, wie die traumgefeuerte Motivation sie liefert. Auch das ist ein Grund, Träume nicht als Schäume abzutun.

Und weiter geht's mit den Traum(be)deutungsstrategien.

› **Wenn keine Assoziation möglich ist, dann ist es nützlich, sich in einen bestimmten Traumgegenstand zu versetzen und im kreativen Monolog als solcher zu sprechen. So wie Isolde das weiter oben gemacht hat. Noch einmal. Es geht so: Ich versetze mich in einen Traumanteil und erzähle mir selbst den Traum aus der Sicht dieses Anteils.**
  Zum Beispiel: Träumt jemand von einem einsamen Haus, dann würde er sagen: »Ich bin ein einsames Haus und ...«
› **Ich analysiere bzw. entschlüssele Traumbilder wie bei einer Textanalyse. Nicht interpretieren, sondern nur sehen, was jeder sehen kann.**
  Zum Beispiel: Ich fliege im Traum. Analyse: Fliegen ist eine andere Art der Fortbewegung. Es geht durch die Luft. Die Schwerkraft wird überwunden.
› **Eine kostbare Entschlüsselungshilfe gewährt die Kenntnis**

der menschlichen Hauptantriebe mit ihren vielfältigen Ausdrucksformen. Im Fliegetraum geht es zum Beispiel um den nach Freiheit strebenden Antrieb in uns – also um das Befreiungsvermögen. Fragen könnten daher sein: Wie frei fühlst du dich? Gibt es Stress in deinem Leben? Wo und wie und wovon könntest du dich emanzipieren? usw. Natürlich müssen diese Fragen zum Gesamtbild des Traums passen und *sie werden nur gestellt,* wenn der Träumer nicht mit eigenen Ideen und Assoziationen ins Feld springt.

› Als Selbstcoach können Sie sich vorstellen, ein Traumcoach sei bei Ihnen und stelle die richtigen Fragen.

› Dialog-Technik: Die Träumerin gibt zwei Traumelementen/ -personen eine Stimme und lässt sie miteinander sprechen.

› Diskrepanz benennen zwischen Traumaussage und der realen Situation, um auf diesem Weg zum Thema des Traums vorzustoßen. Zum Beispiel eine Millionärin träumt, arm in der Gosse zu liegen.

› Im Wachbewusstsein das Geträumte in eine positive Richtung weiterspinnen.

› Gutes Identifikationselement herausgreifen und weiterspinnen.

› Immer die Traumbotschaft (= Thema des Traums) herausfinden. Also ein Fazit aus dem Traum ziehen. Frage: Was ist die Quintessenz?

› Und zu guter Letzt unbedingt eine Handlungskonsequenz finden, mit der auf die Traumbotschaft geantwortet wird.

Kniff bei der Traumdeutung

Verstehen heißt: mit dem Herzen hellsehen.

VICTOR HUGO

Unser **Ziel:** zügig auf das Thema des Traums zugreifen!
> **Wenn das Thema des Traums nicht von sich aus offensichtlich ist, dann heißt es, im Abstraktionsniveau einen Gang höher schalten,** um das Thema benennen zu können.
> **Besonders hilfreich ist es, wenn mehrere Traumszenen erinnert werden. Sie repräsentieren in der Regel dasselbe Thema in unterschiedlicher Verpackung.**

TRAUM: DREI ABGRENZUNGSSZENEN

Hanni erinnert sich an die folgenden Szenen.

Erste Szene: Sascha reißt ihr die Bluse vom Leib.

Zweite Szene: Hanni sieht ihren Gartenzaun umgetreten auf der Wiese liegen.

Dritte Szene: Hanni kommt in die Küche, macht den Vorratsschrank auf und sieht Küchenschaben in ihrem Schrank.

> Auf abstrakter Ebene bedeutet das also, dass in allen drei Szenen ihr Eigenraum verletzt wird. Zumindest ist das eine sehr wahrscheinliche These, die wir nun selbst oder begleitend mittels einer legeren, offenen Frage überprüfen. Je offener wir fragen, desto mehr Platz bleibt für das Feintuning. Die Frage könnte lauten: »Wie ist denn das so bei mir/dir mit der Abgrenzung oder dem Eigenraum oder ...?« Formulierungen wie: »Hast du Probleme mit ...« sollten wir vermeiden. Besser Aspekte anbieten, die den Träumer weiterbringen.

> Scheint das Thema nicht in mehreren Traumszenen auf, dann schalten wir in Bezug auf den markantesten Aspekt im Traum einen Gang höher.

Und zwar fragen wir uns:

1. Was ist das Thema auf abstrakter Ebene?
   Zum Beispiel: Jemand träumt, seine Brille nirgendwo zu finden. Abstrakte Ebene: ohne Brille nicht so klar sehen können.

2. Wie kann ich das Thema als Frage formulieren?
   Im Beispiel: Kannst du alles klar wahrnehmen?
   Achtung: Meistens hat jeder Nachteil einen Gewinn. Dieser heimliche Gewinn bestimmt in der Regel die Show. Das behalten wir immer im Hinterkopf und erfragen ihn vorsichtig oder indirekt.
   Vorsichtig gefragt: »Na ja, ist nicht schlimm, wenn man unklar sieht. – Könnte ganz entspannend sein, oder?«
   Indirekt gefragt: »Keine Klarheit! Super, oder?«

3. Wir legen uns die Frage vor und achten darauf, dass ein konkreter Bezug zum Alltag des Träumenden sichtbar wird.

4. Als Letztes finden wir eine Frage, die es uns ermöglicht, eine Handlungskonsequenz zu finden und zu formulieren.

   Etwa: Was könntest du tun, um besser wahrzunehmen? Was möchtest du sehen? Oder lieber nicht sehen? Als Selbstcoach fragen wir uns selbst und überlegen, zu welcher Handlungskonsequenz uns die Antwort einlädt. Als Begleitcoach halten wir der Träumerin einfach so gut die Stange, dass sie möglichst selbst zur entscheidenden Antwort findet.

Traumsymbole und Passepartout-Fragen

*Weise ist nicht, wer die wahren Antworten gibt,
sondern wer die wahren Fragen stellt.*

CLAUDE LÉVI-STRAUSS

Inzwischen sind wir gewiefte, deutende Nicht-Deuter. Wir entlocken unseren Träumen alles. Wir verstehen uns aufs Hinspüren und Fragen, aufs Zuhören und Memorieren beim Zurückerzählen. Wir registrieren jede Regung des Träumers, jedes Variieren in der Stimmmodulation, jede unruhige Bewegung, jedes Lächeln, jede Träne, jede Fast-Träne. Zu viel verlangt? Egal. Wir üben einfach.

Wir hüten uns auch davor, aus Traumbüchern fertig gebackene Bedeutungen zu übernehmen. Wir können sie allenfalls nutzen, um sie mit Fragen zu verknüpfen. Aber das *machen wir natürlich nur,* wenn unsere bisherigen Bemühungen zu nichts geführt haben sollten. Es folgen typische Traumsymbole mit möglichen Passepartout-Fragen. Also Fragen, die nichts kaputt machen, weil sie Raum lassen.

› **Wenn Nahestehende im Traum vorkommen, dann fragen: »Was sagt mir mein Traum über meine derzeitigen Gedanken und Gefühle zu einer bestimmten Person?«**

› Personen können für wirklich existierende Menschen stehen, für Situationen, Institutionen oder für Anteile von einem selbst. »Was löst x in mir aus? Woran erinnert mich x?«

› Tiere haben in der Regel symbolische Bedeutung; es sei denn, der Träumer hat eine intensive Beziehung zu einem Tier. »Was löst dieses Tier in mir aus?«

› Hausträume: »Was sagt dieses Haus aus? Welchen Lebensstil suggeriert es? Wie fühlt es sich an? Was ist meine Beziehung zu diesem Haus?«

› Träume von Autos oder anderen Transportmitteln: »Welches Gefühl löst dieses Transportmittel in mir aus? Befördert es mich gut?«

  » »Fahre ich selbst im Traum oder werde ich gefahren? Kenne ich die Richtung?«

  » Kreuzungen können mit Entscheidungen zu tun haben. Stehe ich an einer Weggabelung?

  » Züge etc. verpassen: »Verpasse ich etwas im Leben?«

  » Fahrzeuge können auch Institutionen wie zum Beispiel die Ehe symbolisieren. »Wofür steht dieses Fahrzeug?«

  » Autos, Züge, Flugzeuge können auch als Macht- und Energieinstrumente gesehen werden. »Kann ich mein Fahrzeug kontrollieren? Wie gut kann ich mit meinen eigenen Impulsen umgehen?«

› Telefonträume, in denen man eine bestimmte Person nicht erreichen kann, die Nummer vergisst, auf kaputte Telefongeräte stößt etc. »Komme ich zu jemandem nicht durch?«

> **Etwas verschwindet unerwartet;** zum Beispiel: Wege, Treppen, Räume, Gebäude etc. »Habe ich eine ambivalente Einstellung zu meinen Zielen? Wo fehlt mir was? Klarheit?«

> **Unvorbereitetsein** oder **Zuspätkommen:** »Bin ich meiner Rolle oder Aufgabe noch nicht gewachsen? Versteckter Saboteur = Topdog, Underdog?«

> **Kloträume,** in denen eine dringend benötigte Toilette nicht gefunden wird oder sich irgendwie nicht eignet: »Verhindere ich, etwas rauszulassen? Zum Beispiel: vom Topdog verbotene Gefühle?«

Albträume

Besonders einschneidend sind Albträume, die sich wiederholen. Sie färben wie alle anderen Träume auch unsere Tagesstimmung. Vor allem machen Albträume auf eine unerkannte oder (scheinbar) nicht lösbare Situation aufmerksam. Albträume können tatsächlich im Gesicht gruseliger Krimis auftreten oder aber – von außen betrachtet – scheinbar harmlos daherkommen.

TRAUM: SICH DREHENDE SCHEIBE

Der erwachsene Hans erzählt mir einen schlimmen Albtraum, den er jahrelang als Kind geträumt hat: Er sitzt auf einer sich drehenden Scheibe und versucht verzweifelt, nach innen zu gelangen. Das lässt das Momentum der Zentrifugalkraft nicht zu. Er versucht immer und immer wieder, zur Mitte der Scheibe zu kommen. Hans ist sogar nach all den Jahren, die er sich von seiner Kindheit inzwischen entfernt hat, noch anzumerken, wie furchtbar dieser Wiederholungstraum für ihn war. Er hat keine Ahnung, was der Traum bedeutet, und schaut mich erwartungsvoll an. (Gut, dass wir das Zitat von Einstein als Wegzehrung haben!) Viel Stoff zum Zurückerzählen gibt es nicht. Ich greife also nur die Kernaussage auf: »Der kleine Hans versucht, immer wieder nach innen zu gelangen, aber schafft es nicht.« (Pause) Hans: »Ja, so war das.« Um den Gesprächs- und Hans' Erlebensfluss zu halten, sage ich: »Es klappt einfach nicht.«

Hans: »Das andere war stärker.« Ich: »Ja, es war stärker.« Achtung: Hier ist die Gefahr, für das »andere« selbst eine Deutung anzubieten oder jetzt schon eine Frage nach der Natur dieses anderen zu stellen, groß. Kostbarer ist es, wenn Hans vor der Frage antwortet. Denn der Träumer ist im besten Fall sogar dann ein Selbstcoach, wenn ein Mitcoach ihn begleitet.

Hans: »Ja, so stark, dass ich als Bub einfach keine Chance hatte.« Ich: »Keine Chance, hm.« Hans plötzlich weinend: »Genau! Ich hatte keine Chance, Geborgenheit zu spüren. Alles in der Familie war nach außen gerichtet.« Ich: »Und du wolltest?« Hans: »Nach innen, ich wollte mich in mir geborgen fühlen, in der Familie sicher – ja, sicher, vor allem sicher fühlen!« usw.

So deutet Hans seinen Traum selbst. Es reicht sehr oft, wenn die Traumbegleiter **einfach beim Text des Traums bleiben** und das Momentum, also den Gesprächsfluss, derart halten, dass die Träumer in ihrem Traumerleben bleiben können.

Selbsterforschung

Erinnern Sie sich an irgendwelche Albträume in Ihrem Leben?

_____

_____

_____

Was ist typisch für diese?

_____

_____

_____

Was versagen sie Ihnen?

_____

_____

_____

Zusammenfassung der zu kultivierenden Traumcoach-Tools

Dies ist ... das eigentliche Geheimnis der Künste: immer Anfänger zu sein.

SUZUKI

1. **Die Bewusstseinsskala** => S. 21 f.
   Als unaufdringlicher, aber doch struktur- und ergebnisorientierter Coach haben Sie immer die Bewusstseinsskala im Hinterkopf und können die emotionale Färbung im Traum eindeutig taxieren, was sehr hilfreich ist.

2. **Der gute Zweck und die Weisheit aller Träume** => S. 23 f.
   Damit unsere Träume wirklich auf fruchtbaren Boden fallen, ist es nötig, den Appell, den Notschrei, den Hinweis und damit den guten Zweck der Träume zu erkennen. So wird obendrein das Finden einer passenden Handlungskonsequenz vorbereitet.

3. **Die aktive Imagination** => S. 24 f.
   Sie ist eine Stützmethode, wenn die Be-Deutung des Traums nicht leicht erkennbar ist. Ich liebe dieses Werkzeug, denn es fördert geniale, vom Träumer selbst erwirkte Erkenntnisse. Und es führt in bemerkenswerte Seelentiefen. Bei der aktiven Imagination spinnt der Träumer seinen Traum wachbewusst

weiter – und zwar exakt an dem Punkt, wo der Traum einen Hinweis gibt, aber keinen Klartext spricht (die Klappe in Herberts Traum).

4. **Anspruchsvolle Gedichte** => S. 26 ff.
   als Aufwärmübung

5. **Hebamme sein!** => S. 29
   Beherzigen Sie, dass die Bedeutung eines Traums nur im Träumenden ist. Wenn Sie sogar als Selbstcoach in der Gefahr sind, zu sehr zu interpretieren, dann merken Sie das am Ausbleiben des erkennenden Aha-Moments. Dann klingt es nur logisch, aber fühlt sich in der Tiefe nicht wahr an. Hier hilft das Werkzeug »sich in einen Traumanteil hineinversetzen«.

6. **Sich in einen Traumanteil versetzen** => S. 37, 41 f.
   Diese Strategie ist wie die aktive Imagination einfach ein Schatz, wenn die Be-Deutung nicht leicht ersichtlich ist. Sie funktioniert besonders gut, wenn der Träumer noch im Gefühlskokon seines Traums ist. Aber auch ohne diese traumnahe Gemütslage ist sie ein Hit. Ich verwende sie auch, wenn mir die Bedeutung eines Traums bereits klar ist. Ich bin oft erstaunt, wie sehr sie zu noch tieferem Verstehen beiträgt.

7. **Fantasieren = mental loslassen** => S. 29 f., 43
   Es ist nicht nur bei der Traumdeutung, sondern eigentlich immer gut, einen sanft dahinfließenden Geist zu haben. Wenn Sie wild rumfantasieren, lassen Sie mental los. Und je mehr Sie loslassen, umso leichter fließt die Fantasie. Anders gesagt: Fantasieren und im Griff haben wollen ist ein schwer zu meisternder Mentalspagat. Aber genau diesen Spagat üben wir als Traumcoach: Wir lassen los, weil wir wollen, dass die

Träumenden auf die Botschaft, Bedeutung, Kernaussage ihres Traums selber kommen. Aber an diesem Wollen halten wir konsequent fest.

8. **Träume schauen nach innen und außen => S. 46**

Das Resonanzgesetz legt nahe, dass unser Außen eine Widerspiegelung unseres Innen ist. Das Ausstechförmchen, mit dem wir das Außen unserem Innen anverwandeln, nennen wir Projektion. Wie jemand denkt, so nimmt er wahr. Charles F. Haanel sagt es so: »Die Welt draußen ist eine Widerspiegelung der Welt im Innern.« Für den Traumcoach ist relevant, immer beide Be-Deutungsrichtungen der Träume zu bedenken. Nur so werden wir unseren Träumen und uns vollständig gerecht.

9. **Handlungskonsequenz finden => S. 42, 46, 59 f.**

Jede Traumdeutung sollte zu einer Handlungskonsequenz führen. Nur so wird für unsere Seele glaubwürdig, dass wir den Traum verstanden haben und ihn auch wirklich beherzigen. Die Handlungskonsequenz ist die Antwort auf die Traumbotschaft. Dabei gilt: Kleine Schritte sind besser als große Vorsätze. Interessant ist auch, dass Wiederholungsträume durch passgenaue Handlungskonsequenzen am leichtesten gestoppt werden. Eigentlich klar, denn der Traum sendet unverdrossen dieselbe Mitteilung und hört erst auf, wenn wir sie beantworten.

Und bitte die gefundene Handlungskonsequenz natürlich auch durchführen!

Dieses Träume beantwortende Handeln ist wie der Beginn eines Dialogs, wo vorher ein Monolog war. Sie werden erleben, dass die Träume sofort konstruktiv reagieren und Sie als größter Hauptcoach weiterführen.

10. Die relevante Kernkompetenz finden => S. 21, 36, 75, 78, 80

Wir haben verstanden, dass Träume uns eigentlich coachen wollen. Nämlich hin zu mehr Ganzheit, Freude, Liebe zu sich und damit zu anderen. Ihr Haupttrigger ist alles, was wir in unserem Leben auf der Strecke lassen mussten und nur noch über Projektionen leben. Jede Projektion schreit nach Integration, und die Träume machen uns auf sie aufmerksam. Wenn wir präzise wissen, welcher vernachlässigte Persönlichkeitsanteil in einer Projektion schreit, haben wir den besten Einstieg für die Integration. Das klingt vielleicht kompliziert, ist es aber nicht, wenn Sie die zentralen Kernkompetenzen kennen und dadurch auch sehen, wie sie leicht in den Vorwärtsgang gebracht werden können. Ich führe diesen Weg in meinem Buch *Wer sich liebt, umarmt die Welt* vor und empfehle, bei jedem Traum auch die entscheidende(n) Kernkompetenz(en) dingfest zu machen und zu überlegen, wie Sie diese ganz individuell stärken können. So erhalten Sie ein vertieftes Verständnis für sich selbst. Und Sie können Ihren Seelengarten noch effizienter bewässern.

11. Spontane Assoziationen sind Gold wert => S. 27, 35, 41, 54, 58, 60, 74 f., 79

Bei diesem »Werkzeug« liegt die Kunst darin, sich auf die spontanen Assoziationen der TräumerInnen zu spezialisieren. Also durch gezielte Aufmerksamkeit, durch animierende, kurze Kommentare und gegebenenfalls auch durch die behutsame Akzentuierung markanter Bilder beim Zurückerzählen.

12. Traumempfinden und Gesprächsfluss aufrechterhalten => S. 43

Wer einen Traum erzählt, ist meist noch vom Traumerleben

bewegt. So als erlebte er beim Erzählen den Traum noch einmal. Aus diesem emotionalen Nacherleben kommen die passendsten, spontanen Assoziationen. Deshalb wollen wir dieses nacherlebte Traumempfinden nicht irritieren oder unterbrechen, sondern bewahren. Wir begeben uns als Traumcoach mit in den Erlebensfluss und halten das Gespräch so lang wie ergiebig im Kokon des Traums. Als Traumcoach einfach beim Text des Traums bleiben! (Siehe S. 68)

13. **Im Abstraktionsniveau einen Gang höher schalten => S. 61 f.**

In der Regel gibt es bei dieser sehr nützlichen Methode zwei Spielarten: Entweder liegen mehrere Traumszenen oder Bilder vor, die im Kern dieselbe Aussage haben (siehe Traum von Hanni). Hier ist der Job, diesen gemeinsamen Nenner zu finden.

Oder wir haben nur eine Szene, dann überlegen wir, was sie auf abstrakter Ebene aussagt. Als Selbstcoach haben wir hier meist leichteres Spiel, weil wir es ja mit der eigenen Innenwelt zu tun haben. Als Begleitcoach gilt es, wieder fragend, vage, vorsichtig andeutend die Träumerin selbst auf die beste Idee kommen zu lassen.

Was sagt Ihnen Ihr Selbstcheck?

Bitte prüfen Sie, wie fit Sie sich in den wichtigsten Strategien fühlen, und versehen Sie, was Sie gut können, mit einem ☺ und wo Sie noch Luft nach oben haben mit einem ↗

1. Bewusstseinsskala
2. guten Zweck bedenken
3. aktive Imagination
4. Gedichte
5. Hebamme
6. Fantasieren, mental loslassen
7. nach innen und außen schauen
8. sich in den Traumanteil versetzen
9. Handlungskonsequenz finden
10. entscheidende Kernkompetenz erkennen
11. spontane Assoziationen
12. Gesprächsfluss
13. im Abstraktionsniveau höher schalten

Corona-Träume

Man kann alles nochmals machen.

GERTRUDE STEIN

In diesem Kapitel haben Sie Gelegenheit, mit den vorgestellten Werkzeugen im Hinterkopf, noch einmal fünf Träume aus den Pandemie-Jahren 2020/21 auf sich wirken zu lassen.

Üben, üben, üben und verfestigen

Bitte vergegenwärtigen Sie sich bei jedem Traum die vorgestellten Strategien.

TRAUMBILD: SICH NICHT ÖFFNENDE ROSE

Heike sagt von sich, dass sie sich nie an ihre Träume erinnere, aber 2020 ergriff sie ein sehr bewegender Traum. Sie träumte von einer Rose, die sich einfach nicht öffnete.

Von außen könnte verwunderlich sein, was an diesem Traumbild so wahnsinnig bewegend ist. Aber wir wissen: Die Träumerin führt, und der Traum hat grundsätzlich recht und weiß es besser. Unser Job ist rauszufinden, was er mitteilen möchte.

Wenn unser Material nur ein Traumbild ist, dann kann es eine größere Herausforderung sein, das Gespräch über das Geträumte in Schwung zu bringen und im Fluss zu halten. Der Dialog verlief so:

»Heike, du träumst von einer Rose, die sich nicht öffnet. Siehst du die ganze Rose?«

»Nein, nur die Blüte.«

»Blüte? Oder Knospe? Wie ungeöffnet ist die Rose genau?«

»Sie ist, wie wenn sie leicht geöffnet wäre, aber sie versucht alle Blütenblätter an sich zu halten, damit sie sich auf keinen Fall weiter öffnen.«

»Auf keinen Fall! Das darf nicht geschehen?«

»Genau, das darf nicht geschehen, weil es zu gefährlich ist.« Heike ist anzumerken, wie sehr sie die schlimme Traumstimmung noch einmal erlebt. Unsere Aufgabe ist jetzt, das Momentum des Gesprächs weiterhin zu halten, um so mehr *spontane* Kommentare von der Träumerin zu bekommen. Die Traumstimmung, der Kokon, soll noch bewahrt werden. Wir greifen auf:

»Das ist zu gefährlich. Aha?«

»Ja, sie muss sich schützen«, sagt Heike spontan.

»Weil ...?«

Und plötzlich zittert Heike und antwortet:

»... sie sich sonst ansteckt.«

Schlagartig ist die Kernaussage dieses Traumbilds auf dem Tisch: Heike liebt Rosen. Ein Symbol für Liebe und Kontakt.

»Sie stehen«, so fährt sie mit bewegter Stimme fort, »für Liebe, Austausch und Kontakt! Und das, was ich so liebe – nämlich schöne Gespräche und Nähe –, wird mir durch meine Angst vor Ansteckung verdorben! Und durch einen Mundschutz zu sprechen ist auch nicht besonders sinnlich. So ein kurzer Traum war das, und so eine große Aussage enthält er! Ich bin beeindruckt.«

Sowie die Träumenden ihren Traum verstanden haben, können wir im Gespräch noch weitere Details herausarbeiten oder uns sofort auf die noch ausstehende Handlungskonsequenz konzentrieren.

Hier steuern wir direkt auf die Handlungskonsequenz zu. Wir wissen schon, dass Heike selbst Angst vor Ansteckung hat. Sie begehrt nicht gegen die Maskenpflicht auf, sondern leidet unter der Beschneidung ihrer direkten Kontakte. Sie darf sich nicht öffnen, nicht blühen, nicht schutzlos sein.

Nach außen schauend war für Heike hilfreich, sich auf wirksame, ihre Abwehrkraft allgemein stärkende Möglichkeiten zu besinnen. Nach innen schauend erkennt sie tief liegende Ängste, sich hinzugeben. Sie befasst sich mit der Kernkompetenz »Charmeur«. (Siehe das entsprechende Kapitel in: *Wer sich liebt, umarmt die Welt*)

TRAUMSZENE: KEINEN PLATZ FINDEN

Xaver träumt, dass er in seinem Haus ist und sich gemütlich hinsetzen möchte. Aber genau das gelingt nicht. Er irrt durch alle Räume: In der Küche tobt der Mixer, weil sich seine Jüngste einen Saft macht. Im Wohnzimmer ist plötzlich seine Frau, obwohl sie im Büro sein müsste, an seinem Schreibtisch ist Swen, sein ältester Sohn. Er hofft, Zuflucht und Ruhe im Bad zu finden, aber da ist irgendein Handwerker. Die Lösungsidee scheint sein Bett zu sein, aber da liegt untypischerweise seine Mutter. Xaver ist verzweifelt. Als auch auf der Toilette kein Rückzug möglich ist, wacht er schweißgebadet auf.

Xaver knackt seinen Traum als Selbstcoach in folgenden Schritten:
1. Er **schreibt ihn sorgfältig auf.**
2. Er notiert seine **Traumgefühle:**
   » Ich bin wie ein Heimatloser im eigenen Haus.
   » Ich irre ruhelos umher und finde keinen Platz für mich.
   » Ich kann nicht zu mir kommen und mich besinnen. Deshalb fühle ich mich verloren und komisch allein.
3. Er notiert seine spontanen **Assoziationen:**
   » Das ist voll typisch! Schon als jüngstes, ungeplantes Überraschungskind hatte ich keinen rechten Platz in der Familie. Ich musste immer zurückstecken.
   » Diese »Pleite« habe ich durch mein eigenes Haus schön wegkompensiert, aber jetzt im Lockdown werde ich mit den Gefühlen von früher wieder konfrontiert. Äußerer Platz ist super, aber der innere fehlt noch.

Jetzt steht Xaver unmittelbar vor der Handlungskonsequenz.
   » Eigentlich habe ich auch heute als Erwachsener keinen realen Raum nur für mich, weshalb ich so schwer bis gar nicht meinen inneren Raum fühlen kann.

4. Meine **Handlungskonsequenzen:**
   » Ich baue mir einen Raum im Dachboden aus.
     Nur für mich.
   » Und da verbringe ich Zeit so oft wie möglich, aber
     mindestens eine halbe Stunde täglich, um zu lesen,
     Musik zu hören, meine Träume aufzuschreiben, ein
     Selbsterkenntnisbuch im Sinne eines Traumbuchs
     zu schreiben. Alles nur für mich.
5. Inwiefern **schaut mein Traum nach außen?**
   » Die Home-Schooling-Office-Situation macht nur
     sichtbar, was mir schon immer fehlte – nämlich ein
     Plätzchen so ganz für mich.
6. Wie **schaut mein Traum nach innen?**
   » Als unerwünschtes Kind habe ich früh gelernt,
     anspruchslos und zurückhaltend zu sein. Ich konnte
     mir und meinen Wünschen keinen Raum geben. Und
     diese »Macke« habe ich heute noch.
   » **Fazit:** Deshalb ist mein Ziel, mir selbst Raum zu
     geben. Er kommt diesem Ziel nah durch das Stu-
     dium der zugehörigen Kernkompetenz »Besitzer«.
     (Siehe wieder: *Wer sich liebt, umarmt die Welt*)

TRAUMSZENE: VATER STAAT, VERKÄUFERIN, FREUNDIN WEG

Friederike erzählt folgende Traumszene: »Ich betrete das große
Büro meines Vaters. Etwa sieben Meter von der Tür entfernt
steht ein pompöser Schreibtisch. Dahinter sitzt er. Eigentlich
freue ich mich, ihn zu sehen. Als ich jedoch vor ihm stehe, be-
komme ich einen Schreck, weil er anders aussieht. Er sieht mies

aus, geradezu böse Gesichtszüge. Gar nicht so lieb und fein wie mein Vater. Schlagartig realisiere ich, dass ich vor ›Vater Staat‹ stehe. Und nicht vor meinem lieben Papa.«

Zweite Szene: »Ich bin in einem Klamottengeschäft. Eine sehr nette Verkäuferin bedient mich. Jedenfalls scheint sie mir sehr freundlich und fachkundig zu sein. Eigentlich eine schöne Situation. Dann merke ich aber, dass keins von den Kleidungsstücken infrage kommt. Ich will gehen. Die Verkäuferin bleibt total freundlich und hört einfach nicht auf, auf mich einzureden. Die Situation kippt für mich. Ich fühle mich ungut. Ich will raus.«

Dritte Szene: »Ich bin immer noch in derselben Stadt. Es ist eine sehr schöne Großstadt, die mir nicht vertraut ist. Ich sitze in einer Straßenbahn und will ans andere Ende der Stadt fahren. Aber ich kenne mich ja nicht aus. Zum Glück sehe ich eine Freundin, die mir beistehen will. Aber plötzlich ist sie weg. Die Bahn ist schon aus der Stadt raus. Ich steige aus, um nicht noch weiter ins Nirgendwo gefahren zu werden. Ich weiß nicht, wo ich bin. Ich bin verunsichert, fühle Panik.«

Friederike wird während des Erzählens zunehmend verzagter. Sie hat keine Ahnung, was ihr Traum sagen will.

Unsere erste Aufgabe ist es, den Traum so wortgetreu wie nur möglich zurückzuerzählen.

Vor dem Zurückerzählen kündigen wir an, dass wir das tun, um uns zu vergewissern, dass wir alles richtig memoriert haben. Das ist tatsächlich ein wichtiger Grund, warum wir das tun. Es gibt jedoch noch drei weitere Gründe:

1. Wenn die Träumerin ihren eigenen Traum aus anderem Munde hört, gewinnt sie etwas Abstand, ohne aus der emotio-

nalen Verbindung zu ihrem Traum zu fallen. Genialerweise kommen den Träumern dadurch oftmals noch vergessene Details in den Sinn, die sie spontan ergänzen. Dieser kleine Abstand schenkt oft schon eine gewisse Entlastung, wenn es ein unangenehmer Traum war.

2. Ebenfalls durch diesen Abstand bedingt, bieten viele Träumer hilfreiche Kommentare an – sei es mit eingeworfenen Worten oder per Körpersprache. All diese Details memorieren wir für das zweite Nacherzählen des Traums. Sie sind entscheidende Hilfen beim Verstehen des Traums.

3. Außerdem gewinnt die Träumerin die Gewissheit, dass wir ihren Traum wirklich ganz und gar ergründen wollen.

Weiter geht's! Wir haben bei diesem Traum den großen Vorteil, drei Szenen als Deutungsvorlage zu haben. Wir wissen schon, dass die Kernaussage immer dieselbe ist, und brauchen jetzt nur noch herauszufinden, worin sie genau besteht.

Noch lieber wäre uns, wenn Friederike selbst erkennt, was der Traum bedeutet. Inzwischen sind wir reich mit zusätzlichen Informationen beschenkt, die wir aus den spontanen und den unwillkürlichen Reaktionen beim ersten Zurückerzählen gewinnen durften: Die traurigen Blicke, das Seufzen und die Verzagtheit, weil es ja doch nicht ihr Vater ist, sondern nur »Vater Staat«, der hinter dem pompösen Schreibtisch thront, weil die sehr freundliche Verkäuferin zur nicht loslassenden Zecke mutiert, weil die »Freundin« plötzlich weg ist.

Inzwischen wissen wir, was sich – abstrakt betrachtet – in den drei Traumszenen wiederholt: Eine zunächst positive Situation (den Vater wiedersehen, die freundliche Verkäuferin, die

Freundin in der Not) schlägt plötzlich ins Ungute um. Es ist nicht so, wie es zunächst schien. Diese Kippmomente ließen sich auch gut an Friederikes Mimik, ihrem Atem, ihren Kommentaren ablesen.

Wir sind also bestens ausgerüstet und können nun den Traum ein zweites Mal zurückerzählen. Das kündigt der Traumcoach auch an. Jetzt erzählt er schneller zurück und berücksichtigt auch durch Nachdruck in der Stimme alle Spontanäußerungen von Friederike.

Die Bedeutung des Traums ist jetzt schon zum Greifen nah. Wird Friederike sie selbst formulieren? Ja, tatsächlich! In der kleinen Pause nach dem Zurückerzählen sagt sie: »Das ist doch echt brutal! Wirkt alles so schön: der pompöse Schreibtisch, das großzügige Büro und dann ist da so ein Typ! Die freundliche Verkäuferin, die mich krallt, um mir ihren Schrott anzudrehen, die Freundin, die nicht da ist!«

Der Traumcoach fängt den Ball: »Ja, brutal!«

Friederike: »Ist wie im echten Leben.«

»Wie?«

Friederike: »Ich habe all den schönen Scheiß geglaubt: Lockdown aus Fürsorge, Impfung ebenfalls aus Fürsorge und dann ist niemand da, der sich wirklich auskennt. So viele Lager, so viel ›Wissenschaftliches‹, das sich einfach widerspricht. Das ist doch äußerst verwirrend, wenn du plötzlich deinen eigenen Vater nicht mehr kennst. Worauf ist denn da noch Verlass?«

Wunderbar! Den Ball fangen wir auf, um die Handlungskonsequenz zu finden.

»Stimmt! Worauf ist denn noch Verlass?«

Friederike: »Tja, worauf?!«

Achtung! Der Traumcoach springt möglichst nicht mit einer Idee ins Feld, sondern hält einfach nur das Gespräch im Fluss:»Ja, worauf ist noch Verlass? Gute Frage!«

Friederike:»Vielleicht einfach auf mich selbst, denn ich habe ja ganz klar gesehen, dass es nicht mein Vater ist, der sich da hinterm Schreibtisch wichtiggemacht hat, dass die Verkäuferin nur zweckorientiert freundlich war und dass ich nicht wusste, wo ich bin.«

»Stimmt! Das ist eine eigene Klarheit, die auf sich selbst zurückweist.«

Friederike:»Und in *der* will ich leben! Und nicht mehr auf den Anschein reinfallen!«

»Das klingt super! Und wie könnte das genau gehen?« Mit dieser Frage soll die von Friederike formulierte Handlungskonsequenz konturiert und verfestigt werden.

Friederike:»Ich will mich ab jetzt viel mehr auf mich selbst besinnen, auf mein Urteil, meine Klarheit und darin Standfestigkeit üben.«

»Indem du was machst?«

»Indem ich mich zum Beispiel nicht mehr mit Meinungen befasse, mit denen ich keine Resonanz verspüre. So gewinne ich viel Zeit und stärke mich in dem Erkennen, das für mich stimmt.«

Das sagt Friederike voller Entschiedenheit und Kraft. Deshalb braucht der Traumcoach nicht mehr nachzuhaken.

Den Bezug zum Corona-Geschehen stellt Friederike selbst her. Es gibt so viele sich widersprechende Lager in Bezug auf die Einschätzung des Covid-19-Phänomens, dass sie völlig die Orientierung verliert und nicht mehr weiß, was sie noch glaubt, wem sie noch trauen kann.

Erkenntnis: Um präziser und noch umfassender in der Selbstbefreiung voranschreiten zu können, knöpft sich Friederike die folgenden Kompetenzen vor, die ich in *Wer sich liebt, umarmt die Welt* beschrieben habe: »Denker« und »Streber«. Für Friederike geht es darum, dass sie das Recht auf ihr eigenes Urteilsvermögen entwickelt.

ALBTRAUM: DER RAUM WIRD KLEINER

Alex hat einen Albtraum, der ihn massiv in Panik versetzt. Er ist in einem Zimmer – vielleicht in einem Hotel. Er steht mit dem Rücken zum Fenster und merkt plötzlich, dass sich etwas verändert. Aber was genau? Es ist immer derselbe Raum: Schreibtisch, Konsole, Schrank, Sessel, Bett. Aber irgendetwas verändert sich. Er beobachtet die Situation und realisiert, dass die Tür nicht mehr da ist. Aber da ist noch eine Veränderung.

Genau! Der Raum verliert an Höhe. Ob die Decke sich senkt oder der Boden hochfährt, ist nicht klar. Alex kann nicht mehr stehen, dann nicht mehr sitzen und schließlich liegt er auf dem Boden. Die Decke ist jetzt unmittelbar über ihm. Er bekommt keine Luft mehr und fürchtet zu ersticken und grausam zu sterben. Voller Panik erwacht er!

Sein erster Wachgedanke: Ein Glück! Ich lebe, es war nur ein Traum. Aber sein schlimmes Traumgefühl hat ihn noch im Griff.

Als Selbstcoach will er diesen Traum bis in die letzte Ecke seines Wesens verstehen:

1. Er notiert ihn in seinem Traumbuch. Dabei zittert seine Hand noch beim Schreiben.
2. Sein Traumgefühl packt ihn immer noch. Er hat Angst zu

sterben, Angst, keine Luft zu bekommen. Er spürt noch die Panik. Und auch noch die Erleichterung, dass er ja doch noch lebt.

3. Und was sind seine Wachgedanken, seine Assoziationen? Seine Angst ist noch so spürbar, dass ihm zunächst gar kein Gedanke kommt. Aber dann fällt es ihm wie Schuppen von den Augen: Er wäre bei seiner Geburt fast erstickt. Das, so glaubt er, hat sich genauso schlimm angefühlt wie sein Traum. Ach, und noch etwas wird ihm bewusst: Er hat große Angst, an Covid-19 zu sterben.

Der Blick nach außen geht auf die Pandemie-Situation im Jahr 2020/21 und sein Blick nach innen greift in seine ersten Lebensminuten, die er gar nicht bewusst in Erinnerung hat. Eine traumatische Erfahrung ganz am Anfang seines Lebens wird reaktiviert.

Alex hat, wie er meint, zunächst keine gute Idee für eine Handlungskonsequenz. Er denkt, ich müsste mich selbst noch einmal ganz ohne Komplikationen neu gebären. Aber das geht ja nicht. Oder doch?!

Er fragt sich: »Wie könnte ich mich heute neu gebären?« Kurz denkt er an Atemübungen und Rebirthing, aber verwirft beides. Ist ihm nicht sanft genug. Ah! »Sanft« – das ist jetzt sein zündendes Stichwort. Er hangelt sich gedanklich weiter: Wie könnte ich sanfter – sogar ganz sanft – leben? Er ist nicht behutsam mit sich: zu viele Gewaltakte im Beruf und im Privatleben. Jetzt weiß er, warum. Hier also setzt er mit folgenden Handlungskonsequenzen an:

1. Ich werde vor allem mehr Freizeit einplanen.
2. Ich werde üben zu schlendern.

3. Ich verzichte öfter auf Fast Food.
4. Ich werde täglich fünf Minuten nichts tun und mich bewusst darauf konzentrieren, dass ich lebe.

Erkenntnis: Wir sehen, dass auch Alex' Traum nicht von ungefähr ist. Unser Leben hat mit unserer Biografie zu tun. Daran ist nicht zu rütteln! Bei dieser Traumbotschaft geht es um das zu entwickelnde Recht auf Sanftheit und Geborgenheit.

TRAUMSZENEN: FRISCH VERLIEBT INS LEBEN

Norbert erwacht sozusagen auf Wolke sieben, weil er so einen wunderbaren Traum hatte. Er erzählt die erste Traumszene: Ich bin in meiner Wohnung und habe ein völlig neues Lebensgefühl. Es ist so, als gehörte mein Leben erstmalig nur mir. Ich muss nichts, ich kann alles. Ich schaue in meinen Terminkalender: leer. Keine Verpflichtungen. Ich frage mich, wozu ich Lust habe, anstatt zu fragen, was als Erstes erledigt werden muss. Ich bebe vor Glück.

Zweite Traumszene: Ich bin am Strand. Sonne, Wind, Meer, Stille, kaum andere Menschen. Ich sehe, wie sich weit weg eine dunkle Wolke auflöst. Das ist bzw. war meine Arbeitswolke. Das weiß ich und atme noch tiefer. Ich bin das Glück.

Traumbild: Ich sehe mich im Spiegel. Zehn Kilo weniger.

Norbert erwacht erfüllt und glücklich.

Er versteht seinen Traum augenblicklich: Dank des Corona-Managements 2020/21 ist er befreit von allem Zuviel. Er hat Zeit für sich. Er braucht nicht mehr zur Stressbewältigung zu essen und ist in einem neuen Körper und in dem ewig ersehnten, freien Leben. Paradies pur.

Sein Traum ist ein wunderbarer Bestätigungstraum, der ihn zu der Handlungskonsequenz einlädt, nie wieder so wie vor dem Lockdown im Hamsterrad zu rotieren.

GUTE AUSSICHT

UND WEIL WIR NICHT GESTORBEN
SIND, KÖNNEN WIR, UM MIT
GERTRUDE STEIN ZU SPRECHEN,
TATSÄCHLICH
»ALLES NOCHMALS MACHEN«.

Entscheidende Fragen

*Die wesentliche Antwort schöpft ihre Tragkraft
aus der Inständigkeit des Fragens.*

MARTIN HEIDEGGER

Die folgenden Fragen sind entscheidend, weil sie helfen, Weichen für ein neues ureigenes Leben zu stellen. Ich werde sie alle kurz erläutern und dann so beantworten, wie es für mich persönlich stimmt. Und ich bin gespannt, wie Ihre Antworten lauten.

› **Habe ich mich erträumt?**
Sich zu erträumen bedeutet, die eigene Erfindung zu werden, anstatt sich selbst anhand fremdbestimmender Vorstellungen von sich zu entfremden. Für mich persönlich war es wie ein Schock, als die Abiturienten vom *Jülicher Stadtanzeiger* gefragt wurden, was sie mal werden wollten, und ich mich, ohne zu zögern, antworten hörte: »Eremitin.« Meine Idee dahinter war, dass ich nur gut für und mit anderen sein kann, wenn ich zufrieden in mir selbst bin.

WIE LAUTET IHRE ANTWORT?

_____

_____

_____

> **Was erfüllt sich, wenn ich mich erträume?**
> Wenn wir uns erträumen, dann folgen wir unserer ureigenen
> »Bestimmung«. Das heißt, wir verwirklichen das, was
> unser Wesen ausmacht und erfüllt. Und genau dadurch
> leben wir mit weniger innerem und äußerem Abrieb.
> Für mich hat sich bewahrheitet, dass mein Traum vom
> eher abgeschiedenen Leben mich ganz nah an die Herzen
> anderer Menschen geführt hat. Ein riesiges Geschenk.

WAS ERFÜLLT SICH FÜR SIE?

_____

_____

_____

_____

_____

_____

_____

_____

> **Welcher Traum beginnt, wenn die Träume vom guten Leben ausgeträumt sind?**
> Die Antwort steht und fällt mit dem, was wir unter einem »guten Leben« verstehen. Ich meine die Frage so: Wenn wir uns an das halten, was als lebenswertes Leben von der Werbung oder den elterlichen Werten suggeriert wird, dann verheizen wir uns unter Umständen im falschen Film. Sowie wir das realisieren – zum Beispiel beim Burn-out, der Depression oder anderen Kalibern –, dann besinnen wir uns neu auf den eigenen Traum, auf das, was das Leben wirklich lebenswert macht.

UND IHR WAHRSTER TRAUM VOM GUTEN LEBEN?

_____
_____
_____
_____
_____
_____
_____
_____
_____
_____
_____
_____

> **Ist der Traumprinz in den Alpen?**
> Der Traumprinz ist in den Alpen. Genau! Er mutiert blitz-
> schnell zum Albtraum, wenn wir von vorgefertigten Vor-
> stellungen in der Partnerwahl gesteuert werden. Und noch
> schlimmer uns selbst durch solche Vorstellungen innerlich
> und äußerlich vergewaltigen.
> Mir persönlich war eine Außengedrehtheit auch in Bezug
> auf Traumprinzen immer suspekt. So erfreue ich mich
> einer schönen »Liebeskarriere«.

WAS IST IHRE ERFAHRUNG?

_____

_____

_____

_____

_____

_____

_____

_____

_____

_____

› **Wo bringt uns das Traumschiff hin?**

Das Traumschiff bringt uns immer mehr zu uns selbst und damit auch in ein immer inwendigeres Verstehen und Lieben anderer.

Mein eigener Lebensweg ist von einer immer mutigeren Traumreise geprägt, und je entschiedener ich meinen Träumen, meinen Visionen, meinen Ideen folge, umso erfüllender ist alles. Ca. 1982 las ich einen Satz von Vivekananda: »In einem Zwiespalt zwischen dem Herzen und dem Verstand folge dem Herzen.« Das war und ist mein Weg.

WIE VERLÄUFT IHRE REISE?

_____

_____

_____

_____

_____

_____

_____

_____

_____

_____

_____

_____

> **Ist der Traum von der besseren Zukunft in Wirklichkeit ein Alb?**
>
> Jeder Traum ist positiver Antrieb. Er verläuft sich nur, wenn er von letztlich unerquicklichen Werten gesteuert wird. Zum Glück weiß es etwas in uns besser und macht uns in unseren Nachtträumen auf fällige Kurskorrekturen aufmerksam. Jedenfalls wenn wir die Traumbotschaft verstehen.
>
> Mein Traum ist, mit diesem Buch eine Einfädelspur zu uns selbst zu bereiten.

WIE ERQUICKLICH SIND WERTE?

_____

_____

_____

_____

_____

_____

_____

_____

_____

› **Aber wer hätte Lust, von einer mieseren Zukunft zu träumen?**
Natürlich niemand. Aber wir tun es doch, wenn uns krank machende Werte in Sackgassen treiben. Das Gute ist: Sackgassen haben einen Wendehammer.

WAS MEINEN SIE?

_____

_____

_____

_____

_____

_____

_____

_____

_____

_____

> **Wer nicht mehr träumt, braucht bessere Träume.**
Träumen haftet oft eine Zukunftsorientiertheit an. Wir träumen nicht von einer besseren Vergangenheit. (Wäre aber eine Idee!) Nicht mehr zu träumen bedeutet, bereits zu Lebzeiten vom Pferd gestiegen zu sein. Wenn alle Außenträume erfüllt sind, dann – spätestens – ist die Gelegenheit reif, sich auf Innenträume zu besinnen. Wer würde nicht seinen Porsche gegen ein heiteres Gemüt eintauschen?
Mein bester Traum war immer schon auf meine innere Befindlichkeit und nicht auf die äußere Situation gerichtet. So hatte ich mich zum Beispiel bis zum 38. Lebensjahr der Besitzlosigkeit verschrieben. Das war eine Hilfe. Diese Begeisterung knickte ich schlagartig, als ich realisierte, ein eigenes Seminarhaus ist fällig. Mittels einer Anzeige und einer Antwort stellte es sich ein.

WELCHE TRÄUME BEGEISTERN SIE?

› **Wer träumt mich?**
Das ist immer meine Lieblingsfrage. Eins ist klar, jeder
Traum – wie erschütternd, lustig, absurd, unverständlich
usw. er auch sein mag – liefert bessere Durch- und Einbli-
cke als das Wachbewusstsein allein. Da wirkt also eine sehr
kenntnisreiche und beeindruckende Instanz. Und sie wird
nicht müde, uns immer wieder anzustupsen. Wie könnten
wir sie nennen? Inneren oder gar höheren Schweinehund?
Schutzengel, bessere Regie, weisere Orchestrierung
unseres Lebens oder Gott?
Mir persönlich ist es am sympathischsten, sie mit anderen
Philosophen »Eros« zu nennen. Darunter ist die konstruk-
tive Entfaltungskraft von Leben zu verstehen. Eros wirkt
am durchdringendsten, wenn wir uns nicht selbst im Weg
stehen, und am ungemütlichsten, wenn wir uns durch Kon-
traproduktives sabotieren.

WIE STEHEN SIE SICH NICHT IM WEG?

_____

_____

_____

_____

_____

_____

_____

_____

> **Bin ich im Traum, wenn ich aus dem Traum erwache?**
Anders gefragt: Was ist realer, unser Wach- oder unser
Traumerleben? Die Antwort steht und fällt mit unserer
Definition von »real«. Vordergründig betrachtet, ist die
Außenwelt derb und aufdringlich real. Wer sich in den Finger
schneidet, weiß sofort, was ich meine. Trotzdem ist es unsere
Reaktion – ein mentales Ereignis also –, die den Schnitt zur
Bagatelle oder zur »Katastrophe« macht. Was ist realer: die
äußeren Ereignisse oder unsere Gedanken? Tja, hier müsste
ich ein Buch im Buch schreiben. Ich kürze ab: Weder noch.
90 Prozent unserer Gedanken sind automatisch. Deshalb ist
es eine so große Herausforderung, sich zu ändern.
Schon als Kind habe ich mich gewundert, warum die Erwach-
senen alles so ernst nehmen. Und anderes, was ich im Raum
konkret gesehen habe, sahen andere nicht. Merkwürdig fand
ich das. So wurde meine Suche nach dem wirklich Wirklichen
früh getriggert. Im Sanskrit gibt es das Wort »Maya«. »Maya
ist die faszinierende, irreführende Täuschung, welche die
tatsächlich unwirkliche, bedingte Natur mit ihrer verführeri-
schen Mannigfaltigkeit als letztendliche Wirklichkeit erschei-
nen lässt; es ist die Urillusion, die zugrundeliegende Unwis-
senheit, die verlockende Illusion, die Täuschung, das
Unwirkliche als das Wirkliche anzusehen, das Vergängliche
für ewig zu halten.«[3] Meine Lösung des Problems ist auf der
Bewusstseinsskala abzulesen: je Fullinger, desto wirklicher.[4]

---

3   Martin Mittwede, *Spirituelles Wörterbuch,* Sathya Sai Vereinigung, 2005,
    5. Auflage, S.147
4   Zu diesem höchsten Bewusstseinszustand lesen Sie mein Buch *INSTANT
    LUMEN, Philosophisch durchstarten zum freien Kopf,* IL-Verlag, 2019

WIE ERLEBEN SIE DEN FULLINGER-PUNKT?

_____

_____

_____

_____

_____

_____

_____

_____

_____

_____

_____

› **Darf ich meine Träume entlassen?**
Klar! Ich darf alles. Aber das Gesetz von Ursache und
Wirkung, von »innen, so außen«, »von oben, so unten« –
also kurz das Resonanzgesetz – wirkt immer.
Meine persönliche Vorgehensweise ist deshalb, alle Träu-
me, die dazu beitragen, mich und andere auf die Reise gen
Fullinger zu nehmen, werden kultiviert und verwirklicht.

WIE LAUTET IHRE ANTWORT?

_____

_____

_____

_____

_____

_____

_____

_____

> **Warum sind meine Träume fantasievoller als ich?**
> Im Traumbewusstsein macht unser von Beta-Wellen
> gefeuerter Verstand Pause. Die Wellenfrequenz von
> Träumen ist freier. Deshalb sind Träume fantasievoller.

WIE ERLEBEN SIE DAS?

› **Wo bin ich, wenn ich träume?**
In mir selbst zu Hause.

UND SIE?

_____

_____

_____

› **Was bedeutet es, dass ich im Traum mehr weiß als im Wachzustand?**
Offensichtlich bedeutet es, dass unser konzentriertes und meist kontrollierendes Wachbewusstsein einen engeren Fokus hat.

ERLEBEN SIE DIE WEISHEIT IHRER TRÄUME?

_____

_____

_____

_____

_____

_____

> **Träume ich noch oder schlafe ich schon?**
Einerlei, ob wir bei dieser Frage an Nacht- oder Tagträume denken, so ist eines offensichtlich: Wenn wir träumen, ist unser Radius weiter. Wir erleben oft eine viel intensivere Lebendigkeit als im Wachbewusstsein oder in Phasen des Tiefschlafs.

UND SIE? TRÄUMEN SIE NOCH?

_____

_____

_____

_____

_____

_____

_____

_____

> **Welcher Traum soll wahr werden, wenn ich in der Ausweg-
> losigkeit bin?**
> Für mich soll der Traum des restlosen Loslassens wahr
> werden. Es gibt ein chinesisches Sprichwort: »Wenn du in
> der Ausweglosigkeit bist, ist da ein Ausweg.« Die empfun-
> dene Ausweglosigkeit braucht unsere Entspanntheit, damit
> die Hyperalternative wahr werden kann.

WIE FÜR SIE?

_____

_____

_____

_____

_____

_____

_____

_____

› **Wer ist nicht in der Ausweglosigkeit?**
Wenn wir uns die Endlichkeit unseres Lebens vergegen-
wärtigen, dann stehen wir letztlich vor dem großen Frage-
zeichen. Was für ein Ausweg ist am Ende des Tunnels?
Wird sich unser Tod als anderes Leben zeigen oder nicht?
Ich persönlich glaube und habe erforscht, dass es gute
Gründe dafür gibt, davon auszugehen, dass wir beim
Sterben lediglich den Körper ablegen. Entscheidend ist hier
die Frage, ob das Gehirn das Bewusstsein braucht oder um-
gekehrt.

WIE LAUTET IHRE ANTWORT?

_____
_____
_____
_____
_____
_____
_____
_____
_____

› **Was lacht in mir, wenn ich nicht bin?**
Was lacht in Ihnen, wenn Sie total entspannt sind, wenn
Sie nicht mit Ihren Umständen identifiziert sind, wenn Sie
einfach *nur* sind?
Sowie wir die Identifikation mit unseren Umständen lo-
ckern, fluten uns Freude und vielleicht sogar fullingerhafte
Glückseligkeit. Mich begeistert, dass ich diese Tatsache
anhand von Tausenden Zitaten aus der Weltliteratur
belegen konnte. Hier finden Sie 350: www.instantlumen.de

WIE IST ES FÜR SIE, EINFACH NUR ZU SEIN?

_____

_____

_____

_____

_____

_____

_____

_____

> **Wer erfindet meine Träume?**
> Unsere Träume kommen allesamt aus unserem Schönsten
> und Höchsten oder steigen aus unserem tiefsten Inneren
> empor. Und Eros leitet die Regie. (Vgl. S. 97)

WIE LAUTET IHRE ANTWORT?

› **Sollen meine Träume wahr werden?**
Unsere schönsten, kühnsten, wundervollsten Träume
sollen alle wahr werden. Wir haben inzwischen gelernt, sie
zu unterscheiden von bescheuerten Anstrengungs- und
Ehrgeizträumen, die nur unser Ego einbetonieren.

WAS ERSEHNEN SIE?

_____

_____

_____

_____

_____

_____

_____

_____

› **Sind meine Albträume wahr?**
Alle Träume sind wahr, auch wenn sie auf verschiedenen
Ebenen ihre Show abziehen. (Siehe das Kapitel Traumarten
S. 39) Unser Job ist, lediglich zu verstehen, was sie uns
sagen und zu welcher Handlungskonsequenz sie uns
auffordern.
Ich spanne meine Träume, meine Intuition und meine
innere Gewissheit sowie meine Kreativität immer vor den
Handlungskarren.

WIE LAUTET IHRE ANTWORT?

_____
_____
_____
_____
_____
_____
_____
_____
_____

> **Wie kann ich meine Träume leben?**
> »Ganz einfach«, indem Sie sich ganz inwendig lieben,
> anstatt außengedreht zu funktionieren. Gerne gehe ich mit
> Ihnen, wenn Sie Ihre Träume noch nicht alle verstehen.
> Nehmen Sie bitte einfach Kontakt auf.

WAS WÜNSCHEN SIE SICH?

Ich wünsche Ihnen ein traumhaft schönes Leben!

Ihre Ute Lauterbach

Und ich danke herzlich, dass ich die hier aufgeführten Traumbei-
spiele unter Angabe anderer Namen verwenden durfte.

Das Träumen ist der Sonntag des Denkens.

Hénri-Frédéric Amiel

Die Autorin

Ute Lauterbach ist Waldbewohnerin. Philosophin. Buchautorin. Unsinnsexpertin. Schicksalsforscherin. Erfinderin der Bewusstseinsskala. Sie gibt philosophische Seminare über Sein, Sinn und Unsinn. Workshops zur psycho-energetischen Integration. Einzel- und Gruppentraining. Vorträge im In- und Ausland, TV und Radio. Sie ist Autorin zahlreicher Bücher. Bei Scorpio erschien 2015 *Wer sich liebt, umarmt die Welt.*

Weitere Informationen über Ute Lauterbach finden Sie unter:

www.ute-lauterbach.de
www.instantlumen.de
www.instantlumen.com

© 2022 Scorpio Verlag in Europa Verlage GmbH
Umschlaggestaltung und Motiv:
Hauptmann & Kompanie Werbeagentur, Zürich
Satz: Danai Afrati, München
Druck und Bindung: Ebertl & Kösel, Altusried-Krugzell
ISBN 978-3-95803-404-4